KB272252

최소한의
투자상식

우리가 꼭 알아야 할 투자개념 70

최소한의 투자상식

하루 5분, 70일의 투자상식으로 당신의 경제적 자유를 설계하라

김종운 지음

INVESTMENT

현명한 투자자로 이끌어 줄 투자 상식 교양서

투자, 제대로 알고 시작하는 것이 중요합니다.

좋은땅

왜 우리는 '최소한의 투자상식'부터 다시 배워야 하는가

"투자 좀 하세요?"

요즘 이런 질문을 받으면 어떤 생각이 드시나요? 주식, 부동산, 코인, 펀드, ETF… 머릿속에 수많은 단어가 스쳐 지나갈 것입니다. 그런데 막상 "투자가 뭐예요?"라고 물으면 선뜻 대답하기 어렵습니다. 우리는 투자를 '해야 한다'는 것은 알지만, 정작 투자가 '무엇인지'는 잘 모릅니다.

저는 금융투자회사와 공공기관을 거치면서 수많은 투자 분쟁과 민원을 접했고, 투자자들의 희망과 좌절을 가까이에서 지켜봤습니다. 그 과정에서 한 가지 확신을 갖게 되었습니다. 투자 실패의 대부분은 복잡한 금융 지식의 부족이 아니라 기본적인 개념의 부재에서 시작된다는 것입니다.

복리가 무엇인지 모르면서 10년 장기투자를 계획하고, 유동성이 무엇인지 모르면서 전 재산을 부동산에 넣고, 리스크가 무엇인지 모르면서 레버리지 상품에 투자합니다. 기초 체력 없이 마라톤을 뛰려는 것과 같습니다. 결과는 대부분 좋지 않습니다.

투자 정보의 시대, 그러나 지식은 없다

우리는 역사상 가장 많은 투자 정보에 둘러싸여 살고 있습니다. 유튜브를 켜면 수십 명의 전문가가 '지금 사야 할 종목'을 알려 주고, SNS에는 "이렇게 해서 10억 만들었다."는 성공담이 넘쳐 납니다. 증권사 앱은 실시간 뉴스와 리포트를 쏟아 내고, 서점에는 투자 관련 책이 베스트셀러에 올라 있습니다.

그런데 이상합니다. 정보는 이렇게 많은데, 왜 여전히 많은 사람들이 투자에서 실패할까요? 수익률은 좋다는데 왜 내 계좌만 마이너스일까요?

이유는 단순합니다. 정보와 지식은 다르기 때문입니다. 정보는 '지금 이 종목을 사라'고 말하지만, 지식은 '왜 이 종목을 사야 하는지, 언제 팔아야 하는지, 얼마나 사야 하는지'를 알게 해 줍니다. 정보는 물고기를 주지만, 지식은 물고기 잡는 법을 알려 줍니다.

문제는 우리 대부분이 투자의 기본 지식, 즉 '투자상식'을 제대로 배운 적이 없다는 것입니다. 학교에서 가르쳐 주지 않았고, 부모님도 모르셨고, 회사에서도 알려 주지 않습니다. 그래서 우리는 기초 없이 응용부터 시작합니다. 덧셈을 모르면서 미적분을 풀려고 합니다.

왜 '최소한'인가

이 책의 제목에는 '최소한'이라는 단어가 들어 있습니다. 겸손해서가 아닙니다. 정말로 '최소한'이기 때문입니다.

투자의 세계는 넓고 깊습니다. 파생상품, 퀀트 투자, 알고리즘 트레이딩, 대체투자… 평생을 공부해도 다 알 수 없습니다. 하지만 일반 투자자에게 이 모든 것이 필요하지는 않습니다. 의사가 되려면 의대를 나와야 하지만, 감기에 걸렸을 때 스스로를 돌보려면 기본적인 건강 상식만 있으면 됩니다.

이 책에서 다루는 70가지 개념은 투자를 시작하기 전에 반드시 알아야 할 것들입니다. 더도 말고 덜도 말고, 딱 이 정도입니다. 이것들을 알면 최소한 '왜 내 투자가 실패했는지' 이해할 수 있고, '어떻게 해야 덜 잃을 수 있는지' 판단할 수 있습니다. 화려한 수익을 약속하지 않습니다. 대신 바보 같은 실수를 피하게 해 줍니다.

워런 버핏은 '첫 번째 규칙은 돈을 잃지 않는 것이고, 두 번째 규칙은 첫 번째 규칙을 잊지 않는 것'이라고 했습니다. 이 책은 돈을 버는 비법이 아니라 돈을 잃지 않는 상식을 전하고자 합니다.

이 책의 구성

이 책은 7개의 장으로 구성되어 있으며, 각 장에는 10개의 핵심 개념이 담겨 있습니다. 모두 70개의 투자 개념입니다.

1장에서는 투자, 수익률, 복리, 리스크처럼 모든 투자의 기초가 되는 개념들을 다룹니다. 2장은 주식시장을 이해하기 위한 언어들입니다. PER, PBR, EPS 같은 용어를 알아야 주식 뉴스가 들리기 시작합니다. 3

장에서는 채권과 금리, 인플레이션처럼 눈에 보이지 않지만 모든 자산 가격에 영향을 미치는 거시경제 개념들을 설명합니다.

4장은 부동산, 원자재, 가상자산 등 주식과 채권 외의 투자 대상들입니다. 5장에서는 투자에서 반드시 마주치는 위험과 심리적 함정들을 짚어 봅니다. 변동성, 손실회피, 군중심리 같은 것들입니다. 6장은 실전에서 필요한 도구와 전략입니다. 포트폴리오, 자산배분, 리밸런싱처럼 이론을 실제 투자로 바꾸는 방법을 다룹니다.

마지막 7장에서는 투자자의 태도와 원칙을 이야기합니다. 세금, 수수료, 규제처럼 알아야 할 현실적인 문제들과 함께, 결국 투자의 성과를 결정하는 것이 무엇인지 살펴봅니다.

이 책을 읽는 방법

처음부터 순서대로 읽으실 필요는 없습니다. 목차를 훑어보고 관심 가는 주제부터 읽어도 됩니다. 다만 1장은 모든 내용의 기초가 되므로 먼저 읽으시길 권합니다.

각 개념은 독립적으로 구성되어 있어서 5분이면 하나를 읽을 수 있습니다. 출퇴근길에, 점심시간에, 잠들기 전에 하나씩 읽어 보세요. 70일이면 이 책을 완독할 수 있습니다.

각 주제의 끝에는 '핵심 정리'가 있습니다. 시간이 없으시면 이것만 읽어도 됩니다. 나중에 궁금한 것이 생기면 그때 본문을 읽으세요.

투자를 시작하기 전에

이 책을 읽고 바로 주식 계좌를 열지 마세요. 먼저 자신에게 몇 가지 질문을 해 보세요. 나는 왜 투자를 하려는가? 언제 이 돈이 필요한가? 얼마까지 잃어도 괜찮은가? 이 질문에 명확한 답이 없다면, 투자를 서두를 필요가 없습니다.

투자는 빨리 시작한다고 유리한 게 아닙니다. 제대로 시작해야 유리합니다. 기초 없이 시작한 투자는 결국 돌아가야 합니다. 지금 이 책을 읽고 있다면, 이미 올바른 첫걸음을 내딛은 것입니다.

우리 모두 현명한 투자자가 되기를 바랍니다. 부자가 되기 전에 먼저 최소한의 투자상식을 알기를 바랍니다. 이 책이 그 여정에 작은 도움이 되기를 진심으로 희망합니다.

프롤로그

Chapter 1

투자하기 전, 꼭 알아야 할 기본적인 개념들
— 개념을 모르면 어떤 투자도 시작할 수 없다

주식 투자의 언어를 이해하다
— 주식시장을 읽는 최소한의 문법

채권·금리·돈의 흐름을 읽는 법
— 보이지 않는 돈의 방향을 이해하다

Chapter 4

부동산과 실물자산, 그리고 대안투자
— 주식 밖의 세계를 이해하는 투자 상식

Chapter 5

투자에서 반드시 마주치는 위험과 함정
— 수익보다 먼저 이해해야 할 손실의 구조

Chapter 1

투자하기 전,
꼭 알아야 할 기본적인 개념들

— 개념을 모르면 어떤 투자도 시작할 수 없다

01

투자와 투기의 차이
― 운과 확률의 선택

"투자 좀 해 봤어?"라는 질문에 어떤 사람은 주식 매매를, 어떤 사람은 코인 거래를, 또 어떤 사람은 부동산 계약을 떠올립니다. 그런데 이 모든 행위가 정말 '투자'일까요? 우리가 흔히 투자라고 부르는 것들 중 상당수는 사실 투기에 가깝습니다. 이 둘의 차이를 이해하는 것은 재테크의 첫걸음입니다.

투자의 정의

투자(Investment)는 현재의 소비를 미루고 자본을 특정 자산에 배치하여 미래에 더 큰 가치를 얻으려는 행위입니다. 핵심은 '합리적 분석'과 '적절한 기대수익'입니다. 기업의 재무제표를 분석하고, 산업의 성장성을 판단하며, 적정 가격을 계산한 뒤 투자하는 것이 전형적인 투자 행위입니다.

투기의 정의

투기(Speculation)는 가격 변동 자체에서 이익을 얻으려는 행위입니다. 자산의 본질적 가치보다는 '누군가가 더 비싸게 사 줄 것'이라는 기대에 의존합니다. 분석보다는 예감, 계획보다는 타이밍에 의존하는 경향이 강합니다.

투자와 투기를 구분하는 기준

가장 먼저 의사결정의 근거를 살펴봐야 합니다. 투자는 분석에 기반합니다. 이 기업의 매출은 얼마인지, 이익률은 어떤지, 경쟁사 대비 강점은 무엇인지 따져 봅니다. 반면 투기는 "요즘 이 종목 뜬다더라.", "차트가 좋아 보인다." 같은 감각에 의존합니다.

기대수익의 현실성도 중요한 기준입니다. 투자자는 연 7~10%의 수익을 기대하며, 이것이 장기적으로 충분히 달성 가능한 목표임을 알고 있습니다. 투기자는 단기간에 2배, 3배의 수익을 꿈꿉니다. 물론 그런 일이 일어날 수 있지만, 그것은 실력이 아니라 운입니다.

손실에 대한 태도도 다릅니다. 투자자는 원금 손실의 가능성을 인정하고, 그 위험을 감당할 수 있는 범위 내에서 자금을 배분합니다. 투기자는 손실 가능성을 과소평가하거나, 손실이 나도 곧 회복될 것이라고 근거 없이 믿습니다.

왜 구분이 중요한가

투기가 나쁜 것은 아닙니다. 문제는 투기를 투자라고 착각하는 것입니다. 투기하면서 "나는 투자하고 있다."라고 생각하면, 필요 이상의 돈을 위험에 노출시키게 됩니다. 전 재산을 카지노에 걸 사람은 없지만, '투자'라는 이름 아래 전 재산을 한 종목에 모두 거는 사람은 생각보다 많습니다.

투자와 투기는 시간에 대한 관점도 다릅니다. 투자는 시간을 아군으로 삼습니다. 복리 효과가 작용하고, 기업이 성장할 시간을 줍니다. 투기는 시간을 적으로 여깁니다. 빨리 올라야 하고, 빨리 팔아야 합니다. 시간이 지날수록 불안해집니다.

투자자의 마음가짐

진정한 투자자가 되려면 천천히 부자가 되겠다는 마음을 받아들여야 합니다. 빠른 부자는 대부분 운이고, 지속되지 않습니다. 모르는 것에는 돈을 넣지 않겠다는 원칙도 필요합니다. 이해할 수 없는 것은 분석할 수 없고, 분석 없는 투자는 투기입니다. 무엇보다 잃어도 되는 돈으로만 시작해야 합니다. 절대 잃으면 안 되는 돈은 투기를 부릅니다.

핵심 정리

- 투자는 분석에 기반하고, 투기는 예감에 의존한다.
- 투자는 적절한 수익을 기대하고, 투기는 과도한 수익을 꿈꾼다.
- 투기 자체가 나쁜 것은 아니지만, 투기를 투자로 착각하면 위험하다.
- 시간을 아군으로 삼을 수 있다면, 그것이 투자다.

02

자산과 부채
— 돈이 일하는 것과 내가 일하는 것

'부자가 되려면 자산을 늘려야 한다'는 말은 누구나 압니다. 그런데 정작 '자산'이 무엇인지 물으면 대답이 제각각입니다. 내 집은 자산일까요? 자동차는요? 명품 가방은? 자산과 부채의 개념을 정확히 이해하는 것은 재무적 의사결정의 출발점입니다.

자산과 부채의 정의

로버트 기요사키가 유명하게 만든 정의에 따르면, 자산(Asset)은 내 주머니에 돈을 넣어 주는 것입니다. 회계적으로는 '미래에 경제적 효익을 가져다줄 것으로 기대되는 자원'이라고 정의합니다. 쉽게 말해, 가만히 있어도 돈을 벌어다 주거나, 시간이 지나면서 가치가 올라가는 것들입니다.

부채(Liability)는 내 주머니에서 돈을 빼 가는 것입니다. 회계적으로는 '미래에 경제적 자원이 유출될 것으로 예상되는 의무'입니다. 갚아야 할 빚뿐 아니라, 유지비용이 계속 드는 것들도 넓은 의미에서 부채의 성격을 가집니다.

흔히 하는 오해

많은 사람들이 '내가 소유한 것'을 모두 자산이라고 생각합니다. 하지만 소유와 자산은 다른 개념입니다. 핵심은 그것이 돈을 벌어다 주는가, 아니면 돈을 잡아먹는가입니다.

예를 들어 자동차를 봅시다. 구입하는 순간부터 가치가 떨어지고, 보험료·세금·유지비가 계속 나갑니다. 내 주머니에서 돈이 빠져나가므로 재무적 관점에서는 부채에 가깝습니다. 물론 출퇴근에 꼭 필요하다면 그 효용이 비용을 상쇄할 수 있지만, 그것이 '자산'이 되는 것은 아닙니다.

내 집은 어떨까요? 여기서 의견이 갈립니다. 직접 거주하는 집은 월세를 아껴 주지만, 대출 이자·재산세·수리비가 나갑니다. 반면 임대를 주는 집은 매달 월세 수입이 들어오므로 명확한 자산입니다. 같은 '집'이라도 용도에 따라 성격이 달라지는 것입니다.

자산과 부채를 구분하는 기준

현금흐름의 방향이 가장 확실한 기준입니다. 돈이 내게로 들어오면 자산, 돈이 내게서 나가면 부채입니다. 배당을 주는 주식, 이자를 주는 예금, 임대 수익이 나오는 부동산은 자산입니다. 할부금을 내야 하는 물건, 유지비가 드는 소유물은 부채의 성격이 강합니다.

시간에 따른 가치 변화도 살펴봐야 합니다. 시간이 지날수록 가치가 오르면 자산, 떨어지면 부채에 가깝습니다. 대부분의 자동차, 전자제품, 의류는 사는 순간 중고가 됩니다. 반면 우량 기업의 주식, 좋은 입지의 부동산은 장기적으로 가치가 상승하는 경향이 있습니다.

팔 때 돈이 남는지도 중요합니다. 취득 비용보다 높은 가격에 팔 수 있으면 자산입니다. 신차를 사서 3년 후에 팔면 대부분 손해를 봅니다. 하지만 좋은 주식이나 부동산은 적절한 시점에 매도하면 시세차익을 얻을 수 있습니다.

왜 이 구분이 중요한가

부자와 그렇지 않은 사람의 차이는 단순합니다. 부자는 자산을 사고, 그렇지 않은 사람은 부채를 삽니다. 월급이 오르면 부자가 될 사람은 그 돈으로 주식이나 부동산을 삽니다. 부자가 되기 어려운 사람은 더 좋은 차, 더 큰 집, 더 비싼 물건을 삽니다.

자산은 '돈이 돈을 버는' 구조를 만들어 줍니다. 배당주에서 받은 배당금으로 또 주식을 사고, 그 주식이 또 배당을 주는 식입니다. 시간이 지날수록 내가 일하지 않아도 돈이 들어오는 시스템이 만들어집니다.

반면 부채는 '내가 돈을 위해 일하는' 구조를 만듭니다. 자동차 할부금을 내려면 일해야 하고, 명품 카드값을 갚으려면 또 일해야 합니다. 물건은 늘어나지만 재정적 자유는 점점 멀어집니다.

내 재무 상태 점검하기

지금 소유하고 있는 것들을 나열하고, 각각에 대해 질문해 보세요. 이것이 나에게 돈을 벌어다 주는가, 아니면 돈이 나가게 하는가? 시간이 지나면 가치가 오를 가능성이 있는가? 지금 팔면 산 가격보다 높게 받을 수 있는가? 이것 없이도 생활하는 데 문제가 없는가?

진짜 자산의 비중이 높다면 재정적으로 건강한 상태입니다. 부채의 성격을 가진 것들이 많다면, 소비 패턴을 점검해 볼 필요가 있습니다.

핵심 정리

- 자산은 내 주머니에 돈을 넣어 주고, 부채는 돈을 빼 간다.
- '소유'와 '자산'은 다르다. 내가 가진 것이 모두 자산은 아니다.
- 부자는 자산을 사고, 그렇지 않은 사람은 부채를 산다.
- 돈이 나를 위해 일하게 하려면, 진짜 자산을 늘려야 한다.

03

수익률
— 얼마를 벌었는지가 아니라, 어떻게 벌었는가

"작년에 주식으로 500만 원 벌었어." 이 말을 들으면 어떤 생각이 드시나요? 대단하다고요? 아니면 별것 아니라고요? 사실 이 정보만으로는 아무것도 판단할 수 없습니다. 핵심은 '얼마를 투자해서' 벌었느냐입니다. 바로 여기서 수익률이라는 개념이 등장합니다.

수익률의 정의

수익률(Rate of Return)은 투자한 금액 대비 얻은 이익의 비율입니다. 공식으로 표현하면 '(수익 ÷ 투자금) × 100'입니다. 1,000만 원을 투자해서 100만 원을 벌었다면 수익률은 10%이고, 1억을 투자해서 100만 원을 벌었다면 수익률은 1%입니다.

앞서 말한 '500만 원을 벌었다'는 것도 투자금이 5,000만 원이었다면

10%의 훌륭한 수익률이지만, 투자금이 5억이었다면 1%에 불과한 것입니다.

수익률이 중요한 이유

수익률은 무엇보다 투자의 효율성을 보여 줍니다. 같은 100만 원을 벌더라도 1,000만 원을 투자한 사람과 1억을 투자한 사람은 효율이 다릅니다. 적은 돈으로 높은 수익을 낸 것이 더 효율적인 투자입니다.

비교의 기준이 된다는 점도 중요합니다. A 펀드는 1년에 500만 원의 수익을 냈고, B 펀드는 300만 원을 냈다고 합시다. A가 더 좋아 보이지만, A 펀드에 5,000만 원이 들어갔고 B 펀드에 1,000만 원이 들어갔다면 이야기가 달라집니다. A의 수익률은 10%, B의 수익률은 30%입니다.

목표 설정의 도구로도 활용됩니다. '10년 후에 1억을 만들겠다'는 목표가 있다면, 현재 가진 돈과 매달 투자할 수 있는 금액을 알 때 필요한 수익률을 계산할 수 있습니다. 현실적인 수익률인지 판단하고 계획을 조정할 수 있습니다.

수익률의 종류

단순수익률은 특정 기간 동안의 총 수익을 투자금으로 나눈 것입니다. 3년간 30%를 벌었다면 단순수익률은 30%입니다.

연평균수익률(CAGR)은 복리를 고려한 연간 수익률입니다. 3년간 30%를 벌었다면 연평균수익률은 약 9.1%입니다. 매년 9.1%씩 복리로 성장했을 때 3년 후 30%가 된다는 의미입니다.

실질수익률은 인플레이션을 반영한 수익률입니다. 명목수익률이 5%인데 물가상승률이 3%라면 실질수익률은 약 2%입니다. 실제 구매력 기준으로 얼마나 늘었는지를 보여 줍니다.

수익률의 함정

수익률만 보면 놓치는 것들이 있습니다. 위험이 대표적입니다. 10%를 번 사람 중 한 명은 안정적인 채권으로 벌었고, 다른 한 명은 레버리지 주식으로 벌었다면, 같은 수익률이어도 위험은 전혀 다릅니다.

기간도 확인해야 합니다. 1년에 10%와 10년에 10%는 완전히 다릅니다. 수익률을 볼 때는 반드시 기간을 확인해야 합니다.

세금과 비용도 빠뜨릴 수 없습니다. 수익률 10%를 달성해도 세금 15%, 수수료 1%를 내면 실제 손에 쥐는 돈은 줄어듭니다. 세후 수익률, 비용 차감 후 수익률을 확인하는 습관이 필요합니다.

현실적인 수익률 기대치

주식시장의 장기 평균 수익률은 연 7~10% 정도입니다. 미국 S&P500 지수의 지난 100년 평균 수익률이 약 10%, 물가를 반영한 실질수익률은 약 7%입니다. 한국 KOSPI도 장기적으로 비슷한 수준입니다.

채권은 연 3~5%, 예금은 물가상승률 수준인 2~3%가 일반적입니다. 부동산은 지역과 시기에 따라 크게 다르지만, 임대수익률은 보통 연 3~5% 수준입니다.

연 20%, 30%의 수익을 약속하는 상품이 있다면, 그것은 사기이거나 극도로 위험한 투자입니다. 현실적인 기대치를 가지는 것이 건전한 투자의 시작입니다.

핵심 정리

- 수익률은 투자금 대비 수익의 비율이며, 투자의 효율성을 보여준다.
- 금액이 아닌 비율로 봐야 투자 성과를 정확히 평가할 수 있다.
- 수익률을 볼 때는 기간, 위험, 세금, 비용을 함께 고려해야 한다.
- 주식시장의 장기 평균 수익률은 연 7~10% 수준이다.

04

복리
― 시간이 만드는 가장 강력한 힘

아인슈타인이 "복리는 세계 8번째 불가사의."라고 말했다는 이야기가 있습니다. 실제로 그가 한 말인지는 확실하지 않지만, 복리의 위력을 설명할 때 자주 인용됩니다. 그만큼 복리는 놀라운 힘을 가지고 있습니다. 그런데 정작 복리가 정확히 무엇인지, 왜 그렇게 강력한지 아는 사람은 많지 않습니다.

복리의 정의

복리(Compound Interest)는 이자에 이자가 붙는 것입니다. 원금에만 이자가 붙는 단리와 달리, 복리는 원금과 이자의 합계에 다시 이자가 붙습니다.

예를 들어 1,000만 원을 연 10%의 이율로 투자한다고 합시다. 단리

로는 매년 100만 원씩, 10년 후 총 2,000만 원이 됩니다. 하지만 복리로
는 첫해 100만 원, 둘째 해 110만 원, 셋째 해 121만 원… 이런 식으로
늘어나 10년 후 약 2,594만 원이 됩니다. 594만 원의 차이가 생깁니다.

복리의 마법: 72의 법칙

72의 법칙은 복리로 원금이 두 배가 되는 데 걸리는 시간을 간단히
계산하는 방법입니다. 72를 수익률로 나누면 됩니다. 연 10%로 투자
하면 약 7.2년, 연 6%로 투자하면 약 12년이 걸립니다.

이 법칙을 응용하면 장기 투자의 결과를 가늠할 수 있습니다. 30세
에 1,000만 원을 연 10%로 투자하면 37세에 2,000만 원, 44세에 4,000
만 원, 51세에 8,000만 원, 58세에 1억 6,000만 원이 됩니다. 똑같은 돈
이 시간의 힘으로 16배가 되는 것입니다.

복리가 강력한 이유

복리는 시간이 갈수록 가속합니다. 처음에는 이자가 조금씩 붙지만,
시간이 지날수록 이자에 붙는 이자가 점점 커집니다. 20년 차의 이자
증가분은 5년 차와 비교할 수 없습니다.

한번 투자하고 나면 알아서 굴러간다는 점도 매력적입니다. 복잡한
매매나 타이밍을 맞출 필요가 없습니다. 복리는 부익부의 원리를 만들
기도 합니다. 이미 많은 돈을 가진 사람의 돈은 더 빨리 불어납니다. 1

억의 10%는 1,000만 원이지만, 10억의 10%는 1억입니다. 종잣돈을 빨리 모아야 하는 이유입니다.

복리의 적: 손실

복리에서 손실은 치명적입니다. 50%를 잃으면 다시 원금을 회복하려면 100%의 수익이 필요합니다. 1,000만 원이 500만 원이 되면, 다시 1,000만 원이 되려면 100%가 올라야 합니다.

이것이 '잃지 않는 것'이 투자에서 중요한 이유입니다. 연 20%를 벌다가 한 번에 30%를 잃는 것보다, 꾸준히 연 8%를 버는 것이 장기적으로 유리합니다. 복리의 마법은 끊기지 않을 때 작동합니다.

복리를 내 편으로 만드는 방법

무엇보다 일찍 시작해야 합니다. 25세에 시작한 사람과 35세에 시작한 사람의 차이는 10년 치 투자금 차이가 아닙니다. 복리 효과의 차이입니다. 늦었다고 생각할 때가 가장 빠른 때입니다.

꾸준히 유지하는 것도 중요합니다. 중간에 꺼내 쓰면 복리의 마법은 깨집니다. 긴급 자금은 따로 두고, 투자금은 가능한 한 오래 유지해야 합니다.

수익률보다 기간을 중시하는 자세도 필요합니다. 연 15%로 5년 투자하는 것보다 연 8%로 30년 투자하는 것이 결과적으로 더 큽니다. 조급함을 버리고 시간에게 일을 맡기는 것입니다.

비용을 낮추는 것도 빠뜨릴 수 없습니다. 수수료 1%가 별것 아닌 것 같지만, 30년 동안 매년 1%씩 빠지면 최종 자산이 20% 이상 줄어듭니다. 낮은 비용의 상품을 선택해야 복리 효과가 극대화됩니다.

핵심 정리

- 복리는 이자에 이자가 붙는 것으로, 시간이 갈수록 가속한다.
- 72의 법칙: '72 ÷ 수익률 = 원금'이 두 배 되는 기간
- 복리의 적은 손실이다. 잃지 않는 것이 수익률보다 중요하다.
- 일찍 시작하고, 오래 유지하며, 비용을 낮추는 것이 핵심이다.

05

리스크

― 피해야 할 대상이 아니라 관리해야 할 요소

"투자는 위험해서 안 해요." 이 말은 반은 맞고 반은 틀립니다. 투자에 위험이 있는 것은 사실이지만, 투자를 안 하는 것도 위험합니다. 은행에 돈을 넣어 두면 안전할까요? 물가상승률을 고려하면 실질 가치가 줄어들고 있습니다. 리스크는 피할 대상이 아니라 이해하고 관리해야 할 대상입니다.

리스크의 정의

리스크(Risk)는 기대한 결과와 실제 결과가 달라질 가능성입니다. 흔히 '손실 가능성'으로만 이해하지만, 엄밀히 말하면 '불확실성'입니다. 예상보다 수익이 높은 것도 리스크의 일부입니다. 다만 투자에서는 주로 부정적인 결과의 가능성을 리스크라고 부릅니다.

리스크와 수익의 관계

투자의 기본 원리 중 하나는 '하이 리스크, 하이 리턴'입니다. 높은 수익을 원하면 높은 위험을 감수해야 합니다. 은행 예금은 원금을 보장하지만 수익률이 낮습니다. 주식은 원금 손실 가능성이 있지만 높은 수익을 기대할 수 있습니다.

여기서 중요한 점은, 높은 위험을 감수한다고 반드시 높은 수익을 얻는 것은 아니라는 것입니다. 높은 위험은 높은 수익의 '가능성'을 열어 줄 뿐, 보장하지 않습니다. 리스크를 감수하되, 그에 합당한 기대수익이 있는지 따져 봐야 합니다.

리스크의 종류

시장리스크는 주식시장, 채권시장 전체가 하락할 위험입니다. 개별 종목이 아무리 좋아도 시장 전체가 무너지면 피할 수 없습니다. 2008년 금융위기 때 대부분의 주식이 동반 하락한 것이 예입니다.

개별리스크는 특정 기업이나 자산의 고유한 위험입니다. 기업의 실적 부진, 경영진의 스캔들, 제품의 결함 등이 해당합니다. 이 리스크는 분산투자로 줄일 수 있습니다.

인플레이션리스크는 물가 상승으로 돈의 가치가 떨어질 위험입니다. 아무것도 하지 않고 현금을 들고 있어도 이 위험에 노출됩니다.

유동성리스크는 원할 때 원하는 가격에 팔 수 없는 위험입니다. 부동산은 유동성리스크가 높고, 상장 주식은 낮습니다.

신용리스크는 돈을 빌려준 상대방이 갚지 못할 위험입니다. 채권 투자나 예금에서 고려해야 합니다.

리스크를 관리하는 방법

분산이 가장 기본입니다. '계란을 한 바구니에 담지 말라'는 격언이 있습니다. 여러 자산, 여러 지역, 여러 시점에 분산하면 개별리스크를 줄일 수 있습니다.

감당할 수 있는 범위 내에서 투자하는 것도 중요합니다. 잃어도 생활에 지장이 없는 돈으로만 위험한 투자를 해야 합니다. 비상금, 생활비는 안전한 곳에 두고, 여유 자금으로 투자합니다.

시간을 활용하는 방법도 있습니다. 단기적으로는 변동성이 크더라도, 장기적으로는 리스크가 줄어드는 경향이 있습니다. 투자 기간이 길수록 손실을 회복할 기회가 많아집니다.

이해하지 못하는 것에는 투자하지 않는 원칙도 지켜야 합니다. 리스크가 무엇인지 모르면 관리할 수도 없습니다. 복잡한 상품, 이해할 수 없는 구조는 피하는 것이 현명합니다.

리스크에 대한 올바른 태도

리스크를 '없애야 할 것'이 아니라 '대가를 받고 감수하는 것'으로 이해해야 합니다. 리스크가 전혀 없는 투자는 수익도 없습니다. 중요한 것은 감수하는 리스크에 합당한 보상이 있는지, 내가 감당할 수 있는 수준인지를 따지는 것입니다.

투자를 안 하는 것도 리스크라는 점을 기억해야 합니다. 물가는 오르고, 은행 이자는 물가상승률을 따라가지 못합니다. 아무것도 하지 않으면 실질 자산이 줄어듭니다.

핵심 정리

- 리스크는 기대와 실제 결과의 차이, 즉 불확실성이다.
- 높은 리스크는 높은 수익의 '가능성'을 열어 줄 뿐, 보장하지 않는다.
- 분산, 감당 가능한 금액, 장기 투자, 이해 가능한 상품이 리스크 관리의 핵심이다.
- 투자를 안 하는 것도 리스크다. 인플레이션이 자산을 잠식한다.

06

기회비용
— 선택하지 않은 것의 가격

매달 50만 원의 여유 자금이 생겼습니다. 저축할까요, 투자할까요, 아니면 여행을 갈까요? 우리는 매 순간 선택을 합니다. 그런데 무언가를 선택하면 동시에 다른 것을 포기하게 됩니다. 이때 포기한 것의 가치가 바로 기회비용입니다. 투자에서 이 개념을 이해하는 것은 현명한 의사결정의 핵심입니다.

기회비용의 정의

기회비용(Opportunity Cost)은 어떤 선택을 했을 때 포기한 다른 선택들 중 가장 가치 있는 것의 가치입니다. 쉽게 말해 '그 돈(또는 시간)으로 할 수 있었던 다른 일의 가치'입니다.

예를 들어 1,000만 원으로 주식을 샀다면, 그 돈으로 살 수 있었던 다른 것들을 포기한 것입니다. 은행에 예금하면 받을 수 있었던 이자, 채권을 사면 받을 수 있었던 수익, 그 돈으로 할 수 있었던 자기계발이나 경험. 이 중 가장 좋았을 선택의 가치가 기회비용입니다.

투자에서 기회비용이 중요한 이유

모든 자원은 한정되어 있습니다. 돈도, 시간도 무한하지 않습니다. 한 곳에 투자하면 다른 곳에는 투자할 수 없습니다. 기회비용을 고려하면 제한된 자원을 가장 효율적으로 배분할 수 있습니다.

숨겨진 비용을 볼 수 있다는 점도 중요합니다. 눈에 보이는 비용만 계산하면 함정에 빠집니다. 현금을 집에 두면 수수료도, 세금도 없습니다. 하지만 그 돈이 벌 수 있었던 수익을 놓치고 있습니다. 이 보이지 않는 비용이 진짜 비용입니다.

비교의 기준이 되기도 합니다. "이 투자가 좋은가?"라는 질문에는 "무엇과 비교해서?"라는 반문이 필요합니다. 연 5% 수익의 펀드가 좋아 보여도, 연 7%의 ETF가 있다면 기회비용을 고려해야 합니다.

기회비용의 실제 예

전세와 월세 중 어느 쪽이 유리할까요? 보증금 3억의 전세와 보증금 3,000만 원에 월세 100만 원을 비교해 봅시다. 언뜻 단순 비교로는 전세가 좋아 보입니다. 하지만 2억 7,000만 원의 차액을 연 7%로 투자하면 월 158만 원의 기대수익이 생깁니다. 월세 100만 원을 내고도 58만 원이 남습니다.

자동차 구매도 마찬가지입니다. 5,000만 원의 신차를 살 때, 차값만 비용이 아닙니다. 그 돈을 10년간 연 7%로 투자하면 약 9,800만 원이 됩니다. 신차의 기회비용은 4,800만 원입니다.

"현금이 최고."라며 예금만 고집하는 사람도 기회비용을 치릅니다. 물가상승률이 3%인데 예금 이자가 2%라면, 매년 1%씩 실질 자산이 줄어듭니다.

기회비용 함정에 빠지지 않으려면

비교 대상을 명확히 해야 합니다. 이 투자 대신 무엇을 할 수 있는지 구체적으로 따져 봅니다. 막연히 "이 정도면 괜찮다."가 아니라, 'A 대신 B를 선택했을 때의 차이'를 계산합니다.

숨은 비용도 찾아야 합니다. 눈에 보이는 비용뿐 아니라, 놓치는 수익도 비용입니다. 현금을 묵히면 안전해 보이지만, 인플레이션과 기회비용이 있습니다.

매몰 비용과 구분하는 것도 중요합니다. 이미 지출한 비용(매몰 비용)은 의사결정에 영향을 주면 안 됩니다. "이미 100만 원 손해 봤으니 더 기다려야지."는 기회비용을 무시한 잘못된 판단입니다.

그렇다고 완벽을 추구할 필요는 없습니다. 기회비용을 고려한다고 모든 선택을 최적화할 필요는 없습니다. 어느 정도 좋은 선택이라면 그것으로 충분합니다. 결정을 미루는 것도 기회비용입니다.

핵심 정리

- 기회비용은 선택으로 인해 포기한 것 중 가장 가치 있는 것의 가치다.
- 눈에 보이는 비용만이 비용이 아니다. 놓친 수익도 비용이다.
- 모든 투자 결정은 "이것 대신 무엇을 할 수 있었나?"를 물어야 한다.
- 현금을 가만히 두는 것도 기회비용을 발생시킨다.

07

유동성
— 급할 때 현금이 되는 자산

부동산 부자가 현금이 없어서 급전을 구한다는 이야기, 들어 보셨나요? 언뜻 이상하게 들리지만 실제로 자주 일어나는 일입니다. 자산이 많아도 당장 현금으로 바꿀 수 없으면 문제가 됩니다. 이것이 바로 유동성의 문제입니다. 투자에서 수익률만큼 중요한 것이 유동성입니다.

유동성의 정의

유동성(Liquidity)은 자산을 얼마나 빨리, 얼마나 손실 없이 현금으로 바꿀 수 있는가를 나타냅니다. 유동성이 높은 자산은 필요할 때 쉽게 현금화할 수 있고, 유동성이 낮은 자산은 현금화하는 데 시간이 걸리거나 손해를 감수해야 합니다.

현금은 가장 유동성이 높은 자산입니다. 그 자체가 이미 현금이니까요. 예금도 유동성이 높습니다. 언제든 찾을 수 있습니다. 반면 부동산은 유동성이 낮습니다. 팔려면 몇 달이 걸리고, 급하게 팔면 가격을 깎아야 합니다.

유동성이 중요한 이유

예상치 못한 상황에 대비해야 합니다. 갑작스러운 실직, 질병, 사고는 언제든 올 수 있습니다. 이때 현금이 없으면 자산을 헐값에 팔아야 합니다. 유동성은 일종의 보험입니다.

기회를 잡을 수 있다는 점도 중요합니다. 주식시장이 폭락했을 때, 좋은 매물이 나왔을 때, 사업 기회가 생겼을 때. 현금이 있어야 이런 기회를 잡을 수 있습니다. 유동성이 없으면 좋은 기회도 놓칩니다.

심리적 안정도 무시할 수 없습니다. 당장 쓸 돈이 없으면 불안합니다. 불안하면 잘못된 판단을 하기 쉽습니다. 적절한 유동성은 마음의 여유를 주고, 그 여유가 좋은 투자 결정으로 이어집니다.

자산별 유동성 비교

현금과 요구불예금은 유동성이 가장 높습니다. 언제든 사용 가능합니다. 정기예금은 만기 전에 해지하면 이자 손실이 있지만, 그래도 높은 편입니다.

상장 주식은 거래 시간 내에 즉시 매도할 수 있어 유동성이 높습니다. 다만 시장 급락 시에는 원하는 가격에 못 팔 수 있습니다. 채권도 상장 채권이라면 비교적 유동성이 높습니다.

펀드는 환매 청구 후 며칠 뒤에 현금을 받습니다. 유동성이 중간 정도입니다. 비상장 주식은 거래 자체가 어려워 유동성이 낮습니다.

부동산은 유동성이 가장 낮은 자산 중 하나입니다. 팔기까지 몇 달이 걸리고, 급매는 시세보다 낮은 가격을 감수해야 합니다. 전세금이 묶여 있으면 더 복잡해집니다.

적정 유동성은 얼마인가

일반적으로 3~6개월치 생활비는 유동성 자산(현금, 예금)으로 보유하라고 합니다. 이것이 비상 자금입니다. 직장이 불안정하거나 자영업자라면 6~12개월치가 안전합니다.

비상 자금 외에도 단기 목표 자금(1~2년 내 사용 예정)은 유동성이 높은 곳에 두어야 합니다. 결혼 자금, 이사 비용 등이 여기 해당합니다.

장기 투자 자금은 유동성이 낮아도 됩니다. 10년, 20년 후를 위한 돈이라면 부동산이나 펀드에 넣어도 괜찮습니다. 당장 꺼내 쓸 일이 없기 때문입니다.

유동성 관리의 원칙

목적에 맞게 배분하는 것이 기본입니다. 비상 자금은 유동성 높게,

장기 투자금은 유동성 낮아도 됩니다. 모든 돈을 현금으로 두면 기회비용이, 모든 돈을 부동산에 넣으면 유동성 위기가 옵니다.

유동성 프리미엄도 이해해야 합니다. 유동성이 낮은 자산은 그 대가로 더 높은 수익을 제공하는 경향이 있습니다. 비상장 주식이 상장 주식보다, 오래 묶이는 예금이 자유롭게 찾는 예금보다 수익률이 높은 이유입니다.

전체 포트폴리오 관점에서 보는 것도 중요합니다. 개별 자산이 아니라 전체 자산의 유동성을 봅니다. 부동산이 많아도 현금성 자산이 충분하면 문제없습니다.

핵심 정리

- 유동성은 자산을 얼마나 빨리, 손실 없이 현금화할 수 있는가이다.
- 비상 상황 대비, 기회 포착, 심리적 안정을 위해 유동성이 필요하다.
- 3~6개월치 생활비는 유동성 자산으로 보유해야 한다.
- 유동성이 낮은 자산은 그 대가로 더 높은 수익을 기대할 수 있다.

08

분산투자
— 계란을 한 바구니에 담지 않는 이유

"계란을 한 바구니에 담지 말라." 투자에서 가장 유명한 격언입니다. 누구나 한 번쯤 들어 봤을 것입니다. 그런데 왜 계란을 나눠 담아야 할까요? 그리고 어떻게 나눠야 할까요? 분산투자의 원리를 제대로 이해하면 투자의 위험을 크게 줄일 수 있습니다.

분산투자의 정의

분산투자(Diversification)는 투자 자금을 여러 자산에 나누어 투자하는 전략입니다. 한 자산이 손실을 보더라도 다른 자산이 수익을 내면 전체 손실이 줄어듭니다. 위험을 분산시키는 것입니다.

예를 들어 1,000만 원을 한 종목에 올인했는데 그 종목이 50% 하락하면 500만 원을 잃습니다. 하지만 10개 종목에 100만 원씩 나눠 투자했다면, 한 종목이 50% 떨어져도 전체 손실은 50만 원, 5%에 불과합니다.

분산투자가 효과적인 이유

아무리 분석해도 미래를 정확히 알 수 없습니다. 전문가도 틀립니다. 확신이 있어도 틀릴 수 있음을 인정하고 대비하는 것이 분산입니다.

서로 다른 자산은 서로 다르게 움직인다는 점도 분산투자의 근거입니다. 주식이 떨어질 때 채권이 오르고, 국내 주식이 부진할 때 해외 주식이 좋을 수 있습니다. 이렇게 반대로 움직이는 자산을 함께 담으면 변동성이 줄어듭니다.

심리적 안정도 얻을 수 있습니다. 한 종목에 올인하면 그 종목 주가에 일희일비하게 됩니다. 분산하면 하나가 떨어져도 다른 것이 버텨주므로 마음이 편합니다. 이 심리적 안정이 장기 투자를 가능하게 합니다.

분산의 방법

자산 클래스 분산이 가장 기본입니다. 주식, 채권, 부동산, 현금 등 서로 다른 자산 유형에 분산합니다. 주식과 채권은 대체로 반대로 움직이는 경향이 있어 함께 담으면 변동성이 줄어듭니다.

지역 분산도 중요합니다. 한국 주식만 가지고 있으면 한국 경제에 올인한 것입니다. 미국, 유럽, 신흥국 등 여러 나라에 분산하면 특정 국가의 위기에 대비할 수 있습니다.

섹터 분산은 산업군을 나누는 것입니다. IT, 금융, 헬스케어, 에너지 등 여러 업종에 분산합니다. 한 업종이 불황이어도 다른 업종이 호황일 수 있습니다.

시점 분산은 한 번에 몰아서 사지 않는 것입니다. 매달 나눠서 사면 높은 가격에만 사는 것을 피할 수 있습니다. 적립식 투자가 대표적입니다.

분산의 한계

분산투자가 만능은 아닙니다. 시장 전체가 폭락하면 분산도 소용없습니다. 2008년 금융위기 때는 주식, 부동산, 원자재 할 것 없이 대부분 하락했습니다. 시장 리스크는 분산으로 줄이기 어렵습니다.

과도한 분산은 수익률을 낮추기도 합니다. 100개 종목에 분산하면 결국 시장 평균과 비슷해집니다. 높은 수익을 노린다면 어느 정도 집중이 필요합니다.

잘못된 분산은 의미가 없다는 점도 기억해야 합니다. 같은 업종의 비슷한 종목 5개에 분산하는 것은 진정한 분산이 아닙니다. 서로 다르게 움직이는 자산에 분산해야 합니다.

실전 분산 전략

초보자라면 ETF 하나로 시작해도 됩니다. 전세계 주식에 투자하는 ETF 하나만 사도 수천 개 종목에 분산한 효과가 있습니다. 간편하면서도 효과적입니다.

조금 더 나아간다면 주식 ETF와 채권 ETF를 6:4 정도로 섞습니다. 이것이 전통적인 분산 포트폴리오의 기본 형태입니다. 나이가 들수록 채권 비중을 높이는 것이 일반적입니다.

중요한 것은 자신의 상황에 맞추는 것입니다. 젊고 안정적인 수입이 있다면 주식 비중을 높여도 됩니다. 은퇴가 가깝다면 안전 자산 비중을 높여야 합니다.

핵심 정리

- 분산투자는 여러 자산에 나눠 투자하여 위험을 줄이는 전략이다.
- 자산, 지역, 섹터, 시점을 다양화하는 것이 분산의 방법이다.
- 분산은 시장 전체의 폭락에는 무력하다. 개별 위험만 줄인다.
- ETF 하나로도 수천 개 종목에 분산한 효과를 얻을 수 있다.

09

장기투자
— 왜 '버티는 것'이 전략이 되는가

"10년 후에 떡상할 종목 알려 주세요." 이런 질문을 하는 사람에게 장기투자란 긴 시간 동안 기다리는 것을 의미합니다. 하지만 진정한 장기투자는 단순히 오래 기다리는 게 아닙니다. 시간을 아군으로 삼아 복리의 힘을 활용하고, 시장의 소음을 걸러 내는 전략입니다. 왜 장기투자가 유리한지, 그리고 어떻게 해야 진짜 장기투자인지 알아봅시다.

장기투자의 정의

장기투자(Long-term Investment)는 수년에서 수십 년의 시간 지평을 가지고 자산을 보유하는 전략입니다. 단기적인 가격 변동에 반응하지 않고, 자산의 본질적 가치와 장기적 성장에 초점을 맞춥니다.

흔히 '사서 묻어 두는 것'이라고 표현하기도 합니다. 하지만 무조건 오래 들고 있는 것이 장기투자는 아닙니다. 장기적으로 성장할 자산을 골라 적절한 가격에 사고, 그 성장이 실현될 때까지 기다리는 것이 진정한 장기투자입니다.

장기투자가 유리한 이유

앞서 복리 챕터에서 살펴봤듯이, 복리는 시간이 길수록 위력이 커집니다. 10년보다 20년, 20년보다 30년 투자했을 때 수익이 기하급수적으로 늘어납니다.

변동성이 상쇄된다는 점도 중요합니다. 주식시장은 하루하루 출렁이지만, 긴 시간으로 보면 우상향하는 경향이 있습니다. 미국 S&P500 지수는 1년 기준으로 손실을 볼 확률이 약 30%이지만, 20년 기준으로는 손실 확률이 거의 0%에 가깝습니다.

거래 비용과 세금도 줄어듭니다. 자주 사고팔면 수수료와 세금이 쌓입니다. 장기 보유하면 이런 비용을 최소화할 수 있습니다.

시장 타이밍의 스트레스에서도 벗어납니다. 언제 사고 언제 팔지 고민하는 것은 정신적으로 소모적입니다. 장기투자자는 이런 단기 예측의 부담에서 자유롭습니다.

장기투자의 조건

여유 자금이어야 합니다. 10년 후에 쓸 돈을 투자해야 10년 동안 기다릴 수 있습니다. 당장 필요한 돈으로 장기투자하면 어쩔 수 없이 꺼내 써야 하는 순간이 옵니다.

좋은 자산이어야 합니다. 아무 주식이나 오래 들고 있으면 장기투자가 아니라 장기 방치입니다. 장기적으로 성장할 자산, 근본적인 가치가 있는 자산을 골라야 합니다.

적절한 가격이어야 합니다. 아무리 좋은 자산도 너무 비싸게 사면 수익을 내기 어렵습니다. 거품 정점에 샀다면 회복하는 데 오랜 시간이 걸립니다.

흔들리지 않는 마음도 필요합니다. 장기투자의 가장 큰 적은 외부 환경이 아니라 내 마음입니다. 시장이 폭락해도, 주변에서 다른 종목이 급등해도 버틸 수 있는 확신이 있어야 합니다.

장기투자 실패의 유형

나쁜 자산을 장기 보유하는 경우가 있습니다. 실적이 악화되고 전망이 어두운 기업을 "언젠가 오르겠지."라며 들고 있는 것은 장기투자가 아니라 희망 고문입니다.

버티지 못하고 바닥에 파는 경우도 흔합니다. 장기투자를 하겠다고 시작했지만, 시장이 폭락하면 공포에 매도합니다. 그리고 나서 시장이 반등합니다. 가장 흔한 실패 패턴입니다.

중간에 갈아타는 실패도 많습니다. "이번엔 이게 더 좋을 것 같아."라며 종목을 바꾸다 보면 복리 효과가 끊깁니다. 한 우물을 파지 못하면 장기투자의 과실을 얻을 수 없습니다.

장기투자를 유지하는 방법

투자 일지를 쓰는 것이 도움이 됩니다. 왜 이 자산을 샀는지, 언제까지 보유할 것인지 기록합니다. 흔들릴 때 꺼내 보면 초심을 되찾을 수 있습니다.

뉴스를 멀리하는 것도 방법입니다. 매일 주가를 확인하고 뉴스에 반응하면 장기투자가 어렵습니다. 확인 주기를 월 1회, 분기 1회로 줄입니다.

자동화도 효과적입니다. 매달 일정 금액이 자동으로 투자되게 설정합니다. 의지의 개입을 줄이고 시스템에 맡깁니다.

핵심 정리

- 장기투자는 시간을 아군으로 삼아 복리와 성장의 과실을 얻는 전략이다.
- 변동성 상쇄, 비용 절감, 스트레스 감소가 장기투자의 이점이다.
- 여유 자금으로, 좋은 자산을, 적절한 가격에, 흔들림 없이 보유해야 한다.
- 장기투자의 가장 큰 적은 시장이 아니라 내 마음이다.

10

투자 성향
— 공격형과 안정형의 정답은 없다

금융회사에서 계좌를 열면 '투자 성향 테스트'를 합니다. 질문에 답하면 안정형, 안정추구형, 위험중립형, 적극투자형, 공격투자형 같은 결과가 나옵니다. 그런데 이 결과를 어떻게 해석하고 활용해야 할까요? 공격형이 더 좋은 걸까요, 안정형이 더 안전한 걸까요? 투자 성향의 의미를 제대로 이해해 봅시다.

투자 성향의 정의

투자 성향(Investment Style 또는 Risk Tolerance)은 투자자가 위험을 감수하려는 의지와 능력을 나타냅니다. 크게 두 가지 요소로 구성됩니다.

위험 감수 의지는 심리적인 측면입니다. 손실이 나도 견딜 수 있는 마음의 여유가 있는가? 변동성을 불안해하지 않고 기다릴 수 있는가? 성격과 경험에 따라 달라집니다.

위험 감수 능력은 재무적인 측면입니다. 손실이 나도 생활에 지장이 없는가? 회복할 시간이 충분한가? 소득, 자산, 나이, 가족 상황에 따라 달라집니다.

투자 성향 테스트의 한계

질문이 가상 상황이라는 점이 문제입니다. "투자 금액이 20% 손실을 보면 어떻게 하시겠습니까?"라는 질문에 '참고 기다린다'고 답하기는 쉽습니다. 하지만 실제로 -20%를 경험하면 생각이 달라집니다.

순간의 기분에 영향받는다는 한계도 있습니다. 주가가 오르는 시기에는 공격적으로, 하락하는 시기에는 보수적으로 답하는 경향이 있습니다. 오늘의 투자 성향과 내일의 투자 성향이 다를 수 있습니다.

제도적 한계도 존재합니다. 금융회사는 이 테스트 결과를 근거로 상품을 권유합니다. 고객 보호를 위한 장치이지만, 투자자의 진짜 성향을 정확히 반영하지는 못합니다.

진짜 투자 성향을 아는 법

실제 손실을 경험해 봐야 합니다. 적은 금액으로 투자를 시작하고, 손실을 겪어 보세요. 그때 내 감정이 어떤지, 어떤 행동을 하는지 관찰

하세요. 가상 상황과 실제 상황은 다릅니다.

잠을 설치는지도 좋은 지표입니다. 투자 때문에 밤잠을 설친다면, 감당할 수 있는 위험 수준을 넘은 것입니다. 투자가 일상을 방해하면 안 됩니다.

강박적으로 확인하는지도 살펴봐야 합니다. 하루에도 몇 번씩 주가를 확인한다면, 심리적으로 감당하기 어려운 상태입니다. 편안하게 잊고 지낼 수 있는 수준이 적정 위험입니다.

투자 성향별 전략

안정형은 원금 손실을 극도로 싫어합니다. 예금, 국채, 안정형 펀드 위주로 투자합니다. 수익률은 낮지만 마음이 편합니다. 물가상승률을 조금 넘기는 것을 목표로 합니다.

중립형은 어느 정도의 변동성은 감수합니다. 주식과 채권을 적절히 섞은 포트폴리오가 적합합니다. 6:4 또는 5:5 비율로 배분하는 것이 전통적인 방식입니다.

공격형은 높은 변동성을 감수하고 높은 수익을 추구합니다. 주식 비중이 높고, 성장주나 신흥시장에도 투자합니다. 단, 큰 손실이 나도 흔들리지 않는 확신이 필요합니다.

투자 성향은 변한다

투자 성향은 고정된 것이 아닙니다. 시간과 상황에 따라 달라집니다.

나이가 들면 보수적이 됩니다. 젊을 때는 손실을 회복할 시간이 충분하지만, 은퇴가 가까워지면 그렇지 않습니다. 나이에 따라 위험 자산 비중을 줄여 가는 것이 일반적입니다.

경험이 쌓이면 담대해지기도 합니다. 폭락과 회복을 몇 번 경험하면 내성이 생깁니다. 처음에는 -10%에 공포를 느끼다가, 나중에는 -30%도 담담하게 받아들입니다.

재정 상황이 바뀌면 성향도 달라집니다. 수입이 늘거나 목돈이 생기면 위험을 더 감수할 수 있습니다. 반대로 대출이 늘거나 부양가족이 생기면 보수적으로 바뀝니다.

투자 성향과 일치하는 포트폴리오

자신의 성향과 맞지 않는 포트폴리오는 유지하기 어렵습니다. 공격적 포트폴리오를 가진 안정형 투자자는 조금만 떨어져도 팔아 버립니다. 안정적 포트폴리오를 가진 공격형 투자자는 지루해서 다른 것에 손을 댑니다.

중요한 것은 '최적'의 포트폴리오가 아니라 '유지할 수 있는' 포트폴리오입니다. 이론적으로 완벽해도 심리적으로 버틸 수 없으면 소용없습니다. 내 성향에 맞는 투자가 결국 좋은 투자입니다.

- 투자 성향은 위험을 감수하려는 의지와 능력의 조합이다.
- 테스트 결과보다 실제 손실 경험이 진짜 성향을 알려 준다.
- 투자 성향은 나이, 경험, 재정 상황에 따라 변한다.
- 최적의 포트폴리오보다 유지할 수 있는 포트폴리오가 좋은 투자다.

Chapter 2

주식 투자의 언어를 이해하다
— 주식시장을 읽는 최소한의 문법

INVESTMENT

01

주식
― 기업의 일부를 소유한다는 의미

"주식 좀 해 봤어?"라는 질문을 받으면 대부분 '매매 경험'을 떠올립니다. 주가가 오르면 팔고, 떨어지면 손절하는 것. 많은 사람들이 주식을 이렇게 이해합니다. 하지만 주식의 본질은 '사고파는 것'이 아닙니다. 주식을 산다는 것은 그 기업의 일부를 소유한다는 뜻입니다. 이 근본적인 사실을 이해하면 주식에 대한 관점이 완전히 달라집니다.

주식의 정의

주식(Stock)은 기업의 소유권을 나타내는 증서입니다. 기업이 사업을 시작하거나 확장할 때 자금이 필요합니다. 이때 은행에서 빌리는 대신 일반인에게 소유권의 일부를 파는 방식으로 자금을 조달할 수 있습니다. 이렇게 발행된 소유권 증서가 바로 주식입니다.

예를 들어 삼성전자의 주식 1주를 산다면, 삼성전자라는 거대한 기업의 아주 작은 일부분을 소유하게 됩니다. 삼성전자의 총 발행주식이 약 60억 주라면, 1주를 가진 사람은 60억 분의 1만큼 삼성전자의 주인인 셈입니다.

주주의 권리

주식을 소유한 사람을 주주(Shareholder)라고 합니다. 주주에게는 몇 가지 중요한 권리가 주어집니다.

첫째, 의결권입니다. 주주총회에서 기업의 주요 의사결정에 투표할 수 있습니다. 경영진 선임, 배당금 결정, 중요한 사업 계획 승인 등에 한 표를 행사합니다. 물론 소액주주 1명의 영향력은 미미하지만, 법적으로 주인의 권리를 가진다는 점이 중요합니다.

둘째, 배당받을 권리입니다. 기업이 이익을 내면 그 일부를 주주들에게 나눠 줄 수 있습니다. 이것이 배당금입니다. 기업의 주인으로서 이익을 분배받는 것입니다.

셋째, 잔여재산 청구권입니다. 기업이 해산할 때 빚을 다 갚고 남은 재산이 있다면, 주주들이 지분에 따라 나눠 갖습니다. 물론 대부분의 경우 기업이 망하면 남는 게 없지만, 권리 자체는 존재합니다.

주식과 채권의 차이

기업이 자금을 조달하는 또 다른 방법은 채권 발행입니다. 채권은 '빚'입니다. 채권을 산 사람은 기업에 돈을 빌려주는 것이고, 정해진 이자를 받다가 만기에 원금을 돌려받습니다. 반면 주식은 '소유권'입니다. 이자 대신 기업의 성장과 이익을 공유합니다.

채권은 안정적입니다. 이자와 원금이 약속되어 있으니까요. 하지만 기업이 아무리 잘 돼도 받는 돈은 정해져 있습니다. 주식은 불확실합니다. 기업이 망하면 휴지조각이 됩니다. 하지만 기업이 크게 성장하면 주가도 함께 오릅니다. 위험이 크지만 보상도 클 수 있습니다.

왜 기업은 상장할까

기업공개(IPO, Initial Public Offering)는 기업이 주식을 일반에게 처음 파는 것입니다. 상장(Listing)은 그 주식이 증권거래소에서 자유롭게 거래되게 하는 것입니다. 기업이 상장하면 많은 자금을 조달할 수 있고, 회사의 인지도가 높아집니다. 창업자나 초기 투자자는 주식을 팔아 수익을 실현할 수도 있습니다.

하지만 상장에는 대가가 따릅니다. 재무 정보를 공개해야 하고, 여러 규제를 받습니다. 주주들의 눈치를 봐야 하고, 단기 실적에 대한 압박도 커집니다. 그래서 충분한 자금이 있거나 자유로운 경영을 원하는 기업은 비상장 상태를 유지하기도 합니다.

투자자의 관점 전환

주식을 '소유권'으로 이해하면 투자 방식이 달라집니다. 단순히 '가격이 오를까'가 아니라 '이 기업의 주인이 되고 싶은가'를 묻게 됩니다. 이 회사가 무슨 사업을 하는지, 경쟁력이 있는지, 미래에 성장할 수 있는지 관심을 갖게 됩니다.

워런 버핏은 '주식을 살 때는 그 기업을 영원히 소유한다는 마음으로 사라'고 했습니다. 내일 주가가 어떻게 될지는 알 수 없지만, 좋은 기업은 시간이 지나면 가치가 올라갑니다. 주식을 소유권으로 보면, 단기 등락에 일희일비하지 않고 기업의 성장을 기다릴 수 있습니다.

반면 소유권을 무시하고 가격 변동만 쫓으면, 투자가 아닌 투기에 가까워집니다. 왜 오르는지, 왜 떨어지는지 이해하지 못한 채 숫자만 쫓게 됩니다.

핵심 정리

- 주식은 기업의 소유권을 나타내는 증서다. 주식을 사면 그 기업의 일부를 소유하게 된다.
- 주주는 의결권, 배당받을 권리, 잔여재산 청구권을 가진다.
- 채권은 '빚'이고 주식은 '소유권'이다. 위험과 보상의 구조가 다르다.
- 주식을 소유권으로 이해하면, 기업의 본질에 집중하는 투자가 가능하다.

02

시가총액
— 기업의 크기를 숫자로 읽는 법

"삼성전자가 한국에서 제일 큰 회사야." 이 말은 무슨 뜻일까요? 직원 수가 가장 많다는 걸까요, 매출이 가장 크다는 걸까요, 아니면 공장이 제일 넓다는 걸까요? 주식 시장에서 기업의 크기를 말할 때는 보통 '시가총액'을 기준으로 합니다. 시가총액은 시장이 평가한 기업의 전체 가치입니다.

시가총액의 정의와 계산

시가총액(Market Capitalization)은 기업의 주식 가격에 발행주식 수를 곱한 값입니다. 공식은 단순합니다. '시가총액 = 주가 × 발행주식 수'.

예를 들어 A기업의 주가가 5만 원이고 발행주식이 1억 주라면, 시가총액은 5조 원입니다. B기업의 주가가 10만 원이지만 발행주식이 1천만 주라면, 시가총액은 1조 원입니다. 주가만 보면 B가 비싸 보이지만, 회사 전체 가치는 A가 5배 큽니다.

시가총액이 중요한 이유는, 이것이 '이 회사 전체를 사려면 얼마가 필요한가'에 대한 답이기 때문입니다. 물론 실제로 기업을 인수할 때는 프리미엄이 붙지만, 시가총액은 시장이 매긴 기업의 가격표라고 할 수 있습니다.

시가총액으로 기업 분류하기

투자자들은 시가총액을 기준으로 기업을 분류합니다. 기준은 나라와 시장에 따라 다르지만, 한국 시장에서 대략적으로 구분하면 다음과 같습니다.

대형주(Large Cap)는 시가총액 10조 원 이상의 기업입니다. 삼성전자, SK하이닉스, 현대차 같은 대기업들이 여기에 속합니다. 안정적이고 정보도 많지만, 이미 크게 성장해서 급격한 성장을 기대하기는 어렵습니다.

중형주(Mid Cap)는 시가총액 1조~10조 원 규모의 기업입니다. 성장 가능성과 안정성을 어느 정도 겸비한 기업들이 많습니다. 잘 찾으면 대형주로 성장할 보석을 발견할 수 있습니다.

소형주(Small Cap)는 시가총액 1조 원 미만의 기업입니다. 성장 잠재력이 클 수 있지만, 위험도 큽니다. 정보가 적고 거래량이 적어 사고팔기 어려울 수 있습니다.

주가와 시가총액의 관계

초보 투자자들이 흔히 하는 실수 중 하나가 '주가'만 보는 것입니다. "A주식은 5천 원이고 B주식은 50만 원이니까 A가 싸다."라고 생각하는 것은 잘못입니다. 중요한 것은 주가가 아니라 시가총액입니다.

주가는 발행주식 수에 따라 달라집니다. 같은 가치의 기업이라도 주식을 많이 발행하면 주가가 낮아지고, 적게 발행하면 주가가 높아집니다. 피자 한 판을 8조각으로 나누면 조각당 가격이 낮고, 4조각으로 나누면 조각당 가격이 높은 것과 같습니다. 피자의 총 가치는 같습니다.

따라서 '비싼 주식'과 '싼 주식'을 판단할 때는 주가가 아니라, 기업의 실제 가치 대비 시가총액이 적정한지를 봐야 합니다. 이것이 뒤에 나올 PER, PBR 같은 지표가 필요한 이유입니다.

시가총액의 변동

시가총액은 매일, 심지어 매 순간 변합니다. 주가가 움직이기 때문입니다. 좋은 실적이 발표되면 주가가 오르고 시가총액도 커집니다. 나쁜 뉴스가 나오면 반대가 됩니다.

발행주식 수가 변해도 시가총액이 달라집니다. 유상증자로 새 주식을 발행하거나, 자사주 매입으로 주식 수를 줄이면 시가총액이 변합니다. 단, 액면분할처럼 주식 수만 늘리고 회사 가치는 그대로인 경우에는 시가총액은 변하지 않습니다.

시가총액의 활용

시가총액은 여러 용도로 활용됩니다. 먼저 기업 간 비교가 가능합니다. 같은 업종의 기업들 중 시가총액이 비슷하다면 규모가 비슷하다는 뜻입니다. 경쟁사 대비 시가총액이 낮다면 저평가되었을 수 있고, 높다면 고평가되었을 수 있습니다.

지수 구성에도 사용됩니다. KOSPI200 같은 지수는 시가총액이 큰 상위 기업들로 구성됩니다. 지수에 편입되면 기관투자자들의 매수가 늘어나는 경향이 있습니다.

투자 전략에도 활용됩니다. 대형주 위주로 안정적인 포트폴리오를 구성할 수도 있고, 소형주에서 성장 가능성을 찾을 수도 있습니다. 시가총액은 투자 대상을 분류하는 기본 기준입니다.

핵심 정리

- '시가총액 = 주가 × 발행주식 수'. 시장이 평가한 기업의 전체 가치다.
- 주가가 아닌 시가총액으로 기업의 크기를 비교해야 한다.
- 대형주는 안정적이고, 소형주는 성장 잠재력과 위험이 모두 크다.
- 시가총액은 기업 비교, 지수 구성, 투자 전략 수립에 활용된다.

03

주가
− 기업 가치와 가격은 왜 다를까

주가가 오르면 좋은 회사일까요? 주가가 떨어지면 나쁜 회사일까요? 많은 사람들이 이렇게 생각하지만, 꼭 그렇지는 않습니다. 주가는 기업의 '가치'가 아니라 '가격'입니다. 가격과 가치가 항상 일치하지 않는다는 것을 이해하면, 투자의 기회가 보이기 시작합니다.

주가의 정의

주가(Stock Price)는 주식 1주를 사고팔 수 있는 가격입니다. 주식 시장이 열려 있는 동안 실시간으로 변하며, 매수자와 매도자의 합의에 의해 결정됩니다. 누군가가 5만 원에 팔겠다고 하고, 다른 누군가가 5만 원에 사겠다고 하면 거래가 성사되고 주가가 5만 원으로 기록됩니다.

주가는 그 순간 시장 참여자들이 생각하는 '적정 가격'의 합의점입니다. 하지만 이 합의가 항상 옳은 것은 아닙니다. 시장 참여자들이 너무 낙관적이면 주가가 가치 이상으로 오르고, 너무 비관적이면 가치 이하로 떨어집니다.

주가를 움직이는 요인

가장 근본적인 요인은 기업의 실적입니다. 매출이 늘고 이익이 증가하면 주가가 오르는 경향이 있습니다. 기업이 돈을 잘 벌면 미래 배당이나 기업 가치 상승에 대한 기대가 높아지기 때문입니다.

산업 전망도 중요합니다. 아무리 좋은 기업이라도 사양 산업에 속해 있으면 성장에 한계가 있습니다. 반대로 성장 산업에 속한 기업은 실적이 아직 나오지 않아도 기대감에 주가가 오르기도 합니다.

금리와 경기 상황도 주가에 영향을 줍니다. 금리가 낮으면 주식의 상대적 매력이 높아지고, 경기가 좋으면 기업 실적 개선에 대한 기대가 커집니다. 이런 거시경제 요인은 개별 기업과 관계없이 시장 전체의 주가를 움직입니다.

심리와 수급도 빼놓을 수 없습니다. 좋은 뉴스가 나오면 사람들이 몰려들고, 나쁜 뉴스가 나오면 빠져나갑니다. 때로는 루머만으로도 주가가 크게 움직입니다. 단기적으로 주가는 심리에 크게 좌우됩니다.

가치와 가격의 괴리

기업의 '내재가치'는 그 기업이 미래에 창출할 현금흐름의 현재 가치입니다. 이것은 계산하기 어렵고, 사람마다 추정이 다릅니다. 반면 '주가'는 시장에서 실시간으로 결정되는 가격입니다.

이 둘이 항상 같다면 투자로 초과 수익을 낼 방법이 없을 것입니다. 하지만 시장은 완벽하지 않습니다. 주가가 가치보다 높을 때도 있고(고평가), 낮을 때도 있습니다(저평가). 가치투자의 기본은 저평가된 주식을 사서 제 가치를 찾을 때까지 기다리는 것입니다.

2000년 IT 버블 때 기술주들은 실적과 관계없이 하늘 높은 줄 모르고 올랐습니다. 가격이 가치를 한참 넘어선 것입니다. 버블이 꺼지자 주가는 곤두박질쳤습니다. 반대로 2008년 금융위기 때는 멀쩡한 기업들의 주가도 공포에 휩쓸려 폭락했습니다. 가치 있는 기업을 헐값에 살 수 있는 기회였습니다.

주가에 대한 올바른 태도

주가는 정보가 아니라 '의견'입니다. 오늘의 주가는 오늘 시장 참여자들의 합의일 뿐, 기업의 진짜 가치를 말해 주지 않습니다. 주가가 올랐다고 반드시 좋은 것도 아니고, 떨어졌다고 반드시 나쁜 것도 아닙니다.

벤저민 그레이엄은 주식시장을 '미스터 마켓'이라는 변덕스러운 인

물에 비유했습니다. 미스터 마켓은 매일 찾아와서 주식을 사겠다거나 팔겠다고 가격을 제시합니다. 어떤 날은 너무 낙관적이어서 비싼 가격을 부르고, 어떤 날은 너무 비관적이어서 헐값을 제시합니다. 현명한 투자자는 그의 기분에 휘둘리지 않고, 가격이 적당할 때만 거래합니다.

주가를 매일 확인하며 일희일비하기보다, 기업의 본질적인 가치에 집중하는 것이 좋습니다. 좋은 기업의 주가는 단기적으로 출렁여도, 장기적으로는 가치를 따라가는 경향이 있습니다.

핵심 정리

- 주가는 주식 1주의 시장 거래 가격이다. 기업의 '가치'와 항상 일치하지 않는다.
- 실적, 산업 전망, 금리, 심리 등 다양한 요인이 주가를 움직인다.
- 가격이 가치보다 낮으면 저평가, 높으면 고평가 상태다.
- 주가는 시장의 '의견'일 뿐이다. 장기적으로 주가는 가치를 따라가는 경향이 있다.

04

PER
— 비싼 주식과 싼 주식의 기준

"이 주식 비싸요, 싸요?" 투자를 고민할 때 가장 먼저 드는 질문입니다. 하지만 주가만 봐서는 알 수 없다고 했습니다. 그렇다면 무엇을 기준으로 판단해야 할까요? 여기서 등장하는 것이 PER입니다. PER은 주식이 비싼지 싼지를 가늠하는 가장 기본적인 잣대입니다.

PER의 정의

PER(Price Earnings Ratio)은 주가를 주당순이익(EPS)으로 나눈 값입니다. 한국어로는 '주가수익비율'이라고 합니다. 공식은 'PER = 주가 ÷ EPS'입니다.

예를 들어 A기업의 주가가 10만 원이고 주당순이익이 1만 원이라면 PER은 10입니다. B기업의 주가가 5만 원이고 주당순이익이 5천 원이

라면 역시 PER은 10입니다. 주가는 A가 두 배 비싸지만, PER로 보면
같은 수준입니다.

PER의 의미

PER 10은 무엇을 의미할까요? 두 가지로 해석할 수 있습니다.

첫째, 투자금 회수 기간입니다. 현재 이익 수준이 유지된다고 가정
할 때, 투자 원금을 회수하는 데 걸리는 연수입니다. PER이 10이면 10
년 동안의 이익을 모아야 투자금과 같아집니다. PER이 낮을수록 빨리
회수할 수 있습니다.

둘째, 이익 대비 가격 수준입니다. 기업이 버는 이익 1원에 대해 시
장이 얼마의 가격을 매기고 있는가입니다. PER이 10이면 이익 1원에
10원을 지불하는 것입니다. PER이 높다는 것은 이익에 비해 비싸게
거래된다는 뜻입니다.

PER의 활용

같은 업종 내 비교가 기본입니다. 삼성전자의 PER과 네이버의 PER
을 직접 비교하는 것은 의미가 없습니다. 업종마다 적정 PER 수준이
다르기 때문입니다. 삼성전자는 같은 반도체 업종의 SK하이닉스와,
네이버는 같은 IT 서비스 업종의 카카오와 비교해야 합니다.

과거 PER과 비교하는 방법도 있습니다. 이 기업이 과거에 보통 PER

15 정도에서 거래됐는데 지금 PER이 10이라면, 평소보다 싸게 거래되고 있을 수 있습니다. 반대로 과거 평균보다 PER이 높다면 고평가 상태일 수 있습니다.

시장 전체 PER과 비교하기도 합니다. KOSPI 전체의 평균 PER이 12인데 어떤 기업의 PER이 8이라면, 시장 평균보다 싸게 거래되고 있는 것입니다. 물론 그럴 만한 이유가 있을 수 있으니 단순 비교는 위험합니다.

PER이 높은 이유와 낮은 이유

PER이 높다고 반드시 비싼 것은 아닙니다. 성장이 빠른 기업은 PER이 높게 형성됩니다. 지금 이익은 작지만 앞으로 크게 늘어날 것이라는 기대가 반영되기 때문입니다. 테크 기업들이 PER 50, 100이 넘는 경우가 있는 이유입니다.

PER이 낮다고 반드시 싼 것도 아닙니다. 이익이 줄어들 것으로 예상되면 PER이 낮게 형성됩니다. 올해 이익이 좋아도 내년에 반 토막이 날 것 같으면 시장은 낮은 가격을 매깁니다. 사양 산업이나 실적 악화가 예상되는 기업이 PER이 낮은 경우가 많습니다.

PER의 한계

적자 기업에는 사용할 수 없습니다. 이익이 마이너스면 PER도 마이너스가 되는데, 이것은 해석이 어렵습니다. 적자 기업을 평가할 때는 다른 지표가 필요합니다.

일회성 이익에 왜곡됩니다. 부동산을 팔아서 일시적으로 이익이 커지면 PER이 낮아집니다. 하지만 이것이 정상적인 수익력은 아닙니다. 영업이익이 아닌 순이익 기준이므로 일회성 요인을 걸러 내야 합니다.

회계 기준에 따라 달라집니다. 같은 기업이라도 회계 처리 방식에 따라 이익이 달라지고, PER도 달라집니다. 특히 국가 간 비교 시 회계 기준 차이를 고려해야 합니다.

핵심 정리

- 'PER = 주가 ÷ EPS.' 이익 대비 주가가 몇 배인지를 나타낸다.
- PER이 낮으면 상대적으로 싸고, 높으면 비싸다. 단, 업종별로 적정 수준이 다르다.
- 성장 기대가 높으면 PER이 높고, 이익 감소가 예상되면 PER이 낮다.
- PER 하나만으로 판단하지 말고, 여러 지표와 맥락을 함께 봐야 한다.

05

PBR
— 장부가치는 얼마나 믿을 수 있을까

PER이 '이익'을 기준으로 주가를 평가한다면, PBR은 '자산'을 기준으로 평가합니다. 이 회사를 지금 청산하면 주주에게 얼마가 돌아갈까? 그 금액 대비 주가는 적정한가? PBR은 이런 질문에 답하는 지표입니다.

PBR의 정의

PBR(Price Book-value Ratio)은 주가를 주당순자산(BPS)으로 나눈 값입니다. 한국어로는 '주가순자산비율'이라고 합니다. 공식은 'PBR = 주가 ÷ BPS'입니다.

주당순자산(BPS, Book-value Per Share)은 회사의 총 자산에서 부채를 뺀 순자산을 발행주식 수로 나눈 값입니다. 회사를 지금 청산한다고 가정했을 때 주주에게 돌아갈 몫입니다. 이것을 '장부가치'라고도 합니다.

PBR의 의미

PBR 1은 주가와 장부가치가 같다는 뜻입니다. 회사를 청산하면 돌아올 돈만큼의 가격에 거래되고 있습니다. PBR 0.5라면 장부가치의 절반 가격에 거래되는 것이고, PBR 2라면 두 배 가격에 거래되는 것입니다.

PBR이 1 미만이면 '싸다'고 느껴질 수 있습니다. 청산 가치보다 낮은 가격에 살 수 있다는 뜻이니까요. 하지만 현실은 그리 단순하지 않습니다.

PBR이 낮은 이유

자산의 질이 나쁠 수 있습니다. 장부에는 기계 설비가 100억으로 적혀 있지만, 실제로 팔면 50억도 못 받을 수 있습니다. 특히 노후화된 설비, 유행이 지난 재고, 부실 채권 등은 장부가치를 믿기 어렵습니다.

수익성이 낮을 수 있습니다. 자산이 많아도 그 자산으로 돈을 못 벌면 매력이 없습니다. 자산 1,000억을 가지고 있어도 매년 적자를 내면, 시장은 그 자산에 낮은 가치를 매깁니다.

사양 산업에 속할 수 있습니다. 석탄, 섬유 같은 사양 산업의 기업들은 자산이 많아도 미래가 불투명하기 때문에 PBR이 낮게 형성됩니다.

PBR이 높은 이유

무형자산의 가치가 클 수 있습니다. IT기업, 플랫폼 기업은 공장이나 설비 같은 유형자산이 적습니다. 대신 브랜드, 기술력, 네트워크 효과 같은 무형의 가치가 큽니다. 장부에는 잡히지 않지만 시장은 이 가치를 인정해서 높은 PBR을 형성합니다.

수익성이 높을 수 있습니다. 적은 자산으로 큰 이익을 내는 기업은 PBR이 높습니다. 자산 100억으로 매년 50억을 버는 기업과, 자산 500억으로 매년 50억을 버는 기업이 있다면, 전자의 PBR이 당연히 높습니다.

PBR의 활용

은행, 보험 같은 금융업 평가에 유용합니다. 금융업은 자산이 대부분이고 자산의 질을 평가하기 비교적 쉽습니다. 그래서 금융주 분석에서는 PER보다 PBR을 더 중요하게 봅니다.

자산주 투자에도 활용됩니다. PBR이 1 미만인 기업 중에서 자산의 질이 좋고 숨은 가치가 있는 기업을 찾는 것이 자산주 투자 전략입니다. 저평가된 자산이 재평가될 때 수익을 기대합니다.

다만 PBR만으로 투자 결정을 내리면 안 됩니다. 왜 PBR이 낮은지,

자산의 실질 가치는 어떤지, 수익성은 어떤지를 함께 봐야 합니다. 'PBR 0.5라서 싸다'고 섣불리 판단하면 '가치 함정'에 빠질 수 있습니다.

핵심 정리

- 'PBR = 주가 ÷ BPS.' 장부가치(순자산) 대비 주가가 몇 배인지를 나타낸다.
- PBR 1 미만이면 청산가치보다 싸게 거래되지만, 자산의 질을 확인해야 한다.
- 무형자산이 중요한 기업은 PBR이 높고, 자산 중심 기업은 PBR이 낮은 경향이 있다.
- 금융업 분석과 자산주 투자에서 PBR이 유용하게 활용된다.

06

EPS
— 기업이 벌어들이는 진짜 실력

기업의 실적을 볼 때 "순이익 1조 원 달성!" 같은 기사를 봅니다. 하지만 이 숫자만으로는 주주에게 얼마나 좋은 건지 알기 어렵습니다. 주식 수가 다르면 의미가 달라지기 때문입니다. 주주 입장에서 기업의 수익력을 보여 주는 지표가 바로 EPS입니다.

EPS의 정의

EPS(Earnings Per Share)는 주당순이익입니다. 기업의 순이익을 발행주식 수로 나눈 값입니다. 공식은 'EPS = 순이익 ÷ 발행주식 수'입니다.

예를 들어 A기업이 1,000억 원의 순이익을 냈고 발행주식이 1억 주라면, EPS는 1,000원입니다. B기업도 1,000억 원의 순이익을 냈지만 발행주식이 2억 주라면, EPS는 500원입니다. 총 이익은 같지만 주주

입장에서 A기업이 더 효율적입니다.

EPS의 의미

EPS는 '내 주식 1주가 벌어들인 이익'입니다. 주식을 기업의 소유권이라고 했을 때, 내가 가진 지분만큼 이익을 가져갈 권리가 있습니다. EPS가 높을수록 내 1주가 더 많은 이익을 창출하고 있는 것입니다.

EPS가 높아지면 주가도 오르는 경향이 있습니다. 기업이 더 많은 이익을 내면 배당도 늘어날 수 있고, 재투자를 통해 기업 가치도 높아집니다. 주식 투자의 핵심은 결국 EPS가 성장하는 기업을 찾는 것이라고 해도 과언이 아닙니다.

EPS 성장률의 중요성

현재의 EPS보다 더 중요한 것이 EPS 성장률입니다. EPS가 매년 얼마나 늘어나는가가 주가의 방향을 결정합니다. 작년 EPS가 1,000원이고 올해 1,200원이면 EPS 성장률은 20%입니다.

꾸준히 EPS가 성장하는 기업은 장기적으로 주가도 상승합니다. 매년 15%씩 EPS가 성장한다면, 복리 효과로 5년 후에는 EPS가 약 2배가 됩니다. 이익이 두 배가 되면 주가도 그에 맞춰 상승할 가능성이 높습니다.

반면 EPS가 감소하는 기업은 주의해야 합니다. 일시적인 이유라면

괜찮지만, 구조적인 문제로 EPS가 계속 줄어든다면 주가도 하락하게
됩니다.

EPS의 종류

기본 EPS(Basic EPS)는 보통주 순이익을 가중평균 주식 수로 나눈
것입니다. 가장 기본적인 계산 방식입니다.

희석 EPS(Diluted EPS)는 전환사채, 스톡옵션 등이 주식으로 전환될
경우를 가정해 계산합니다. 잠재적으로 주식 수가 늘어날 요인을 반영
한 것입니다. 희석 EPS가 기본 EPS보다 낮다면, 향후 주식 수가 늘어
나 주주가치가 희석될 가능성이 있다는 뜻입니다.

예상 EPS(Forward EPS)는 다음 분기나 다음 해의 예상 이익을 기반
으로 계산합니다. 애널리스트들이 추정하는 숫자입니다. 주가는 과거
보다 미래를 반영하므로, 예상 EPS가 중요하게 다뤄집니다.

EPS 활용 시 주의점

일회성 이익에 주의해야 합니다. 부동산 매각이나 소송 합의금 같은
일회성 수익이 EPS를 일시적으로 높일 수 있습니다. 지속 가능한 영업
이익에서 나온 EPS인지 확인해야 합니다.

자사주 매입 효과도 고려해야 합니다. 기업이 자사주를 매입하면
유통 주식 수가 줄어 EPS가 높아집니다. 실제로 이익이 늘어난 것이

아니라 분모가 줄어든 것입니다. 인위적인 EPS 개선인지 살펴봐야 합니다.

업종별 특성도 감안해야 합니다. 경기민감 업종은 EPS 변동이 크고, 유틸리티 같은 방어적 업종은 EPS가 안정적입니다. 어떤 업종이 더 좋다고 할 수 없고, 투자 성향에 맞게 선택하면 됩니다.

핵심 정리

- 'EPS = 순이익 ÷ 발행주식 수.' 주식 1주당 벌어들인 이익이다.
- EPS 성장률이 주가 상승의 핵심 동력이다.
- 기본 EPS, 희석 EPS, 예상 EPS 등 다양한 종류가 있다.
- 일회성 이익과 자사주 매입 효과를 걸러 내고 봐야 한다.

07

배당
— 주식을 갖고 있으면 받는 월급

주식으로 돈을 버는 방법은 두 가지입니다. 하나는 주가가 올라서 파는 것(시세차익), 다른 하나는 기업이 이익을 나눠 주는 것(배당)입니다. 많은 사람들이 시세차익에만 집중하지만, 배당도 중요한 수익원입니다. 특히 장기 투자자에게 배당은 꾸준한 현금흐름을 만들어 줍니다.

배당의 정의

배당(Dividend)은 기업이 벌어들인 이익 중 일부를 주주에게 나눠 주는 것입니다. 주식이 기업의 소유권이므로, 기업이 번 돈의 일부를 주인인 주주에게 돌려주는 것은 당연한 일입니다.

배당은 보통 1년에 한 번(결산 배당) 또는 분기마다(분기 배당) 지급됩니다. 한국 기업들은 대부분 연 1회 배당을 하지만, 최근에는 분기 배당을 도입하는 기업도 늘고 있습니다. 미국 기업들은 분기 배당이 일반적입니다.

배당 관련 용어

배당금은 주당 지급되는 금액입니다. '주당 1,000원 배당'이면 1주를 가진 사람은 1,000원, 100주를 가진 사람은 10만 원을 받습니다.

배당수익률은 주가 대비 배당금의 비율입니다. 주가가 5만 원이고 배당금이 2,500원이면 배당수익률은 5%입니다. 은행 예금 이자처럼, 투자금 대비 얼마를 받는지 보여 줍니다.

배당성향은 순이익 중 배당으로 지급하는 비율입니다. 순이익이 100억이고 배당으로 30억을 지급하면 배당성향은 30%입니다. 나머지 70%는 회사에 남아 재투자됩니다.

배당기준일은 배당을 받을 주주를 확정하는 날입니다. 이 날 주주명부에 이름이 올라가 있어야 배당을 받을 수 있습니다.

배당의 매력

안정적인 현금흐름이 생깁니다. 주가가 오르든 내리든 배당은 꼬박꼬박 들어옵니다. 은퇴 후 생활비, 추가 수입원으로 활용할 수 있습니다. 특히 고배당주에 집중 투자하면 월급처럼 정기적인 수입을 만들 수 있습니다.

복리 효과를 누릴 수 있습니다. 받은 배당금으로 주식을 더 사면, 그 주식이 또 배당을 주고, 그 배당으로 또 주식을 삽니다. 시간이 지날수록 보유 주식 수가 늘어나고, 받는 배당도 늘어납니다.

하방 지지 역할도 합니다. 배당수익률이 높아지면(주가가 떨어지면) 배당 매력에 끌려 투자자들이 매수합니다. 고배당주는 주가 하락 시 어느 정도 지지선이 형성되는 경향이 있습니다.

배당주 투자의 고려사항

배당수익률만 보면 안 됩니다. 배당수익률이 10%라고 무조건 좋은 것이 아닙니다. 주가가 폭락해서 수익률이 높아진 것일 수 있습니다. 기업의 재무 건전성과 배당 지속 가능성을 확인해야 합니다.

배당 이력을 살펴봐야 합니다. 수년간 배당을 꾸준히, 또는 늘려온 기업은 신뢰할 수 있습니다. 반면 배당이 들쭉날쭉하거나 갑자기 줄어드는 기업은 주의해야 합니다. 미국에서는 25년 이상 배당을 늘려온 기업을 '배당귀족'이라 부릅니다.

성장과의 트레이드오프도 있습니다. 배당을 많이 주면 회사에 남는 돈이 적어 재투자가 줄어듭니다. 빠르게 성장하는 기업은 배당보다 재투자를 선호합니다. 아마존, 테슬라 같은 기업은 오랫동안 배당을 하지 않았습니다.

세금도 고려해야 합니다. 배당소득에는 세금이 붙습니다. 한국에서는 15.4%의 배당소득세가 원천징수됩니다. 시세차익은 대주주가 아닌 이상 비과세인 경우가 많아, 세후 수익률은 달라질 수 있습니다.

핵심 정리

- 배당은 기업 이익의 일부를 주주에게 나눠 주는 것이다.
- '배당수익률 = 배당금 ÷ 주가.' 투자금 대비 받는 비율을 보여 준다.
- 배당은 안정적 현금흐름, 복리 효과, 주가 하방 지지 역할을 한다.
- 배당수익률만 보지 말고, 기업의 재무건전성과 배당 이력을 확인하라.

08

성장주와 가치주
— 빠른 기업 vs 단단한 기업

투자 뉴스를 보면 "성장주 강세" 또는 "가치주로 자금 이동" 같은 표현이 자주 나옵니다. 성장주와 가치주는 주식을 분류하는 대표적인 방식입니다. 둘 중 어느 쪽이 더 좋은 것이 아니라, 성격과 투자 전략이 다릅니다. 이 차이를 이해하면 자신에게 맞는 투자 스타일을 찾을 수 있습니다.

성장주의 정의

성장주(Growth Stock)는 매출과 이익이 시장 평균보다 빠르게 성장하는 기업의 주식입니다. 보통 신기술, 새로운 시장, 혁신적인 비즈니스 모델을 가진 기업들이 여기에 속합니다.

성장주의 특징은 높은 PER입니다. 현재 이익보다 미래 성장에 대한 기대가 주가에 반영되어 있습니다. 배당은 적거나 없는 경우가 많습니다. 번 돈을 주주에게 나눠 주는 대신 사업 확장에 재투자하기 때문입니다.

테슬라, 엔비디아, 아마존 같은 기업이 대표적인 성장주로 꼽힙니다. 한국에서는 삼성바이오로직스, 카카오뱅크 같은 기업이 성장주로 분류되기도 합니다.

가치주의 정의

가치주(Value Stock)는 기업의 내재가치에 비해 주가가 저평가되어 있다고 판단되는 주식입니다. 보통 PER이나 PBR이 낮고, 배당수익률이 높은 편입니다. 성숙 산업에 속한 안정적인 기업들이 많습니다.

가치주의 특징은 안정적인 실적입니다. 폭발적인 성장보다는 꾸준한 이익을 내고, 그 이익을 배당으로 환원합니다. 주가 변동성도 성장주보다 낮은 편입니다.

은행, 에너지, 통신, 유틸리티 기업들이 가치주로 분류되는 경우가 많습니다. 코카콜라, 존슨앤존슨, JP모건 같은 기업이 대표적입니다. 한국에서는 POSCO, KT, 신한지주 등이 가치주로 꼽힙니다.

성장주와 가치주의 비교

수익의 원천이 다릅니다. 성장주 투자자는 주가 상승(시세차익)을 기대합니다. 기업이 빠르게 성장하면 주가도 따라 오릅니다. 가치주 투자자는 배당과 점진적인 주가 회복을 기대합니다. 저평가가 해소되면서 주가가 적정 수준으로 돌아오는 것을 기다립니다.

리스크 성격이 다릅니다. 성장주는 기대에 못 미치면 주가가 급락할 수 있습니다. 높은 밸류에이션이 무너지면 낙폭이 큽니다. 가치주는 이미 저평가 상태라 하방이 제한적이지만, 저평가 상태가 오래 지속될 수 있습니다('가치 함정').

금리 환경에 다르게 반응합니다. 성장주는 저금리 환경에서 유리합니다. 미래 이익의 현재가치가 높게 평가되기 때문입니다. 반대로 금리가 오르면 성장주가 타격을 받습니다. 가치주는 금리 상승기에 상대적으로 선방하는 경향이 있습니다.

어느 쪽이 더 좋은가

장기 수익률로 보면, 시대에 따라 승자가 바뀝니다. 2010년대는 성장주의 시대였습니다. 기술주가 시장을 주도하며 엄청난 수익률을 기록했습니다. 하지만 2000년대 초반 IT 버블 붕괴 후에는 가치주가 더 좋은 성과를 냈습니다.

결국 어느 한쪽에 올인하기보다, 두 가지를 적절히 섞는 것이 안전합니다. 성장주로 수익률을 높이고, 가치주로 안정성을 확보하는 방식입니다. 시장 상황에 따라 비중을 조절할 수도 있지만, 타이밍을 맞추기는 쉽지 않습니다.

개인의 투자 성향도 고려해야 합니다. 변동성을 감수하고 높은 수익을 추구한다면 성장주 비중을 높이고, 안정적인 수입과 낮은 변동성을 원한다면 가치주 비중을 높이면 됩니다.

핵심 정리

- 성장주는 빠른 매출·이익 성장이 특징이고, 가치주는 저평가와 안정성이 특징이다.
- 성장주는 시세차익, 가치주는 배당과 저평가 해소가 수익의 원천이다.
- 금리 환경에 따라 성장주와 가치주의 상대적 매력이 달라진다.
- 어느 쪽이 더 좋다고 할 수 없다. 분산과 자신의 투자 성향이 중요하다.

09

지수(Index)
― 시장 전체를 읽는 바로미터

"오늘 코스피가 1% 올랐습니다." 뉴스에서 매일 듣는 말입니다. 코스피, 코스닥, 다우존스, S&P500… 이런 지수들은 무엇이고, 왜 중요할까요? 지수는 수천 개의 주식을 하나의 숫자로 요약해서 시장의 흐름을 보여 줍니다. 투자자에게 지수는 나침반과 같습니다.

지수의 정의

지수(Index)는 특정 기준으로 선정된 주식들의 가격 움직임을 하나의 숫자로 나타낸 것입니다. 시장 전체 또는 특정 섹터의 흐름을 한눈에 파악할 수 있게 해 줍니다.

지수가 오르면 해당 시장 또는 섹터의 주식들이 대체로 올랐다는 뜻이고, 지수가 내리면 대체로 내렸다는 뜻입니다. 개별 종목이 아닌 시장 전체의 건강 상태를 체크하는 도구입니다.

주요 지수 소개

KOSPI(코스피)는 한국 유가증권시장에 상장된 기업들의 시가총액을 종합한 지수입니다. 1980년 1월 4일을 기준(100)으로 산출됩니다. 삼성전자, 현대차, SK하이닉스 같은 대기업들이 포함되어 있습니다.

KOSDAQ(코스닥)은 기술주 중심의 중소형 성장기업들이 상장된 시장의 지수입니다. IT, 바이오 기업들이 많아 변동성이 코스피보다 큽니다.

S&P500은 미국의 대표적인 지수로, 시가총액 상위 500개 기업으로 구성됩니다. 애플, 마이크로소프트, 아마존 등이 포함되어 있으며, 미국 경제를 대표하는 지표로 널리 사용됩니다.

다우존스 산업평균지수(DJIA)는 미국의 가장 오래된 지수입니다. 30개 대형 우량기업으로 구성되어 있습니다. 역사가 길어 많이 인용되지만, 종목 수가 적어 S&P500보다 대표성이 떨어진다는 평가도 있습니다.

나스닥 종합지수는 나스닥 거래소에 상장된 모든 종목을 포함합니다. 기술주 비중이 높아 테크 시장의 바로미터로 여겨집니다.

지수의 산출 방식

시가총액 가중 방식이 가장 일반적입니다. 시가총액이 큰 기업일수록 지수에 미치는 영향이 큽니다. 코스피, S&P500이 이 방식을 사용합니다. 삼성전자가 10% 오르면 코스피에 큰 영향을 주지만, 소형주가 10% 올라도 영향은 미미합니다.

가격 가중 방식은 주가가 높은 종목이 영향력이 큽니다. 다우존스가 대표적입니다. 이 방식은 주가가 높다고 기업 가치가 큰 것은 아니므로 왜곡이 생길 수 있습니다.

동일 가중 방식은 모든 종목에 같은 비중을 줍니다. 대형주 쏠림을 피하고 싶을 때 사용됩니다.

지수의 활용

시장 흐름 파악의 기본입니다. 내 종목은 올랐는데 지수는 내렸다면, 내가 좋은 선택을 한 것일 수 있습니다. 반대로 지수는 올랐는데 내 종목만 떨어졌다면, 종목 선정을 점검해 볼 필요가 있습니다.

벤치마크로 활용됩니다. 펀드 성과를 평가할 때 "시장 평균을 이겼는가?"가 중요합니다. 한국 주식 펀드는 코스피를, 미국 주식 펀드는 S&P500을 벤치마크로 삼습니다. 지수보다 수익률이 낮으면 그냥 지수에 투자하는 것이 나았을 것입니다.

ETF 투자의 기초가 됩니다. 지수를 추종하는 ETF를 사면 지수의 수익률을 그대로 얻을 수 있습니다. 개별 종목을 고르는 수고 없이 시장 전체에 투자하는 방법입니다.

- 지수는 여러 주식의 가격 움직임을 하나의 숫자로 요약한 것이다.

- 코스피, S&P500, 나스닥 등 각 지수마다 구성과 특성이 다르다.

- 시가총액 가중 방식에서는 대형주가 지수에 큰 영향을 미친다.

- 지수는 시장 흐름 파악, 성과 비교, ETF 투자의 기초가 된다.

10
ETF
― 초보자에게 가장 친절한 투자 상품

"주식 투자 시작하고 싶은데 뭘 사야 하죠?" 이 질문에 많은 전문가들이 ETF를 권합니다. 개별 종목을 고르는 것은 어렵지만, ETF는 시장 전체나 특정 테마에 손쉽게 투자할 수 있게 해 줍니다. ETF는 현대 투자의 가장 혁신적인 발명품 중 하나입니다.

ETF의 정의

ETF(Exchange Traded Fund)는 '상장지수펀드'입니다. 이름 그대로 거래소에 상장되어 주식처럼 사고팔 수 있는 펀드입니다. 특정 지수나 자산군의 수익률을 따라가도록 설계되어 있습니다.

예를 들어 KODEX 200 ETF는 코스피200 지수를 추종합니다. 이 ETF를 사면 코스피200에 포함된 200개 기업에 동시에 투자한 것과 같은 효과가 있습니다. 개별 종목 200개를 직접 사지 않아도 됩니다.

ETF와 펀드의 차이

일반 펀드는 판매사를 통해 가입하고, 환매를 신청하면 며칠 후에 돈을 받습니다. 하루에 한 번 가격(기준가)이 결정됩니다. 반면 ETF는 주식처럼 실시간으로 거래됩니다. 증권 앱에서 바로 매수·매도할 수 있고, 가격도 실시간으로 변합니다.

수수료도 다릅니다. 일반 펀드는 판매보수, 운용보수 등 여러 비용이 붙어 연 1~2%의 비용이 드는 경우가 많습니다. ETF는 운용보수가 대부분 0.1~0.5% 수준으로 매우 저렴합니다. 장기 투자 시 이 비용 차이가 수익률에 큰 영향을 미칩니다.

ETF의 장점

분산투자가 간편합니다. S&P500 ETF 하나로 미국 대형주 500개에 투자할 수 있습니다. 전세계 주식에 투자하는 ETF, 특정 섹터에 투자하는 ETF 등 선택지가 다양합니다. 소액으로도 광범위한 분산이 가능합니다.

투명합니다. ETF는 매일 구성 종목과 비중을 공개합니다. 내 돈이 어디에 투자되어 있는지 정확히 알 수 있습니다. 일반 펀드는 분기마다 공시하는 경우가 많아 상대적으로 불투명합니다.

유연합니다. 시장이 열려 있는 동안 언제든 사고팔 수 있습니다. 급하게 현금이 필요하면 바로 매도할 수 있습니다. 일반 펀드처럼 환매를 신청하고 기다릴 필요가 없습니다.

비용이 저렴합니다. 앞서 말했듯이 운용보수가 낮습니다. 또한 펀드 매니저가 적극적으로 종목을 고르는 것이 아니라, 지수를 그대로 따라가므로 거래비용도 적게 듭니다.

ETF의 종류

지수 추종 ETF가 가장 기본입니다. 코스피200, S&P500, 나스닥100 같은 주요 지수를 따라갑니다. 시장 평균 수익률을 얻고 싶을 때 적합합니다.

섹터 ETF는 특정 산업에 집중합니다. 반도체, 바이오, 2차전지, 금융 등 관심 있는 섹터에 투자할 수 있습니다. 개별 종목을 고르기 어려울 때 섹터 전체에 베팅하는 방법입니다.

채권 ETF는 채권에 투자합니다. 국채, 회사채, 하이일드 채권 등 다양한 채권 ETF가 있습니다. 주식보다 안정적인 수익을 원할 때 활용합니다.

원자재 ETF는 금, 은, 석유, 농산물 등에 투자합니다. 실물 원자재를 직접 보유하기 어려우니 ETF로 간접 투자하는 것입니다.

레버리지/인버스 ETF는 지수 수익률의 2배를 추구하거나(레버리지), 지수와 반대로 움직이도록(인버스) 설계되어 있습니다. 단기 트레이딩에 사용되며, 장기 보유에는 적합하지 않습니다.

ETF 투자 시 주의점

거래량을 확인해야 합니다. 거래량이 적은 ETF는 사고팔 때 원하는 가격에 거래하기 어렵습니다. 가능하면 거래량이 많은 ETF를 선택하세요.

추적오차도 살펴봐야 합니다. ETF가 추종하는 지수와 실제 수익률 사이에 차이가 생길 수 있습니다. 추적오차가 적은 ETF가 좋습니다.

레버리지/인버스 ETF의 위험을 이해해야 합니다. 이런 ETF는 일간 수익률을 기준으로 설계되어, 장기 보유 시 기대와 다른 결과가 나올 수 있습니다. 장기 투자용이 아닙니다.

핵심 정리

- ETF는 거래소에 상장된 펀드로, 주식처럼 실시간 거래가 가능하다.
- 분산투자, 투명성, 유연성, 저비용이 ETF의 장점이다.
- 지수, 섹터, 채권, 원자재 등 다양한 ETF가 있어 필요에 맞게 선택할 수 있다.
- 거래량, 추적오차를 확인하고, 레버리지 ETF의 장기 보유는 피하라.

채권·금리·돈의 흐름을 읽는 법

— 보이지 않는 돈의 방향을 이해하다

INVESTMENT

01

채권
― 국가와 기업이 돈을 빌리는 방식

주식 투자는 많이들 하면서 채권 투자는 생소해하는 분들이 많습니다. "채권이 뭐예요?"라고 물으면 "안전한 거 아닌가요?" 정도의 대답이 돌아옵니다. 하지만 채권은 주식만큼이나 중요한 투자 자산이고, 금융시장을 이해하려면 반드시 알아야 할 개념입니다. 오히려 채권시장이 주식시장보다 규모가 더 큽니다.

채권의 정의

채권(Bond)은 돈을 빌렸다는 증서입니다. 국가, 지방자치단체, 기업 등이 자금을 조달하기 위해 발행합니다. 채권을 산다는 것은 발행자에게 돈을 빌려주는 것입니다. 그 대가로 이자를 받고, 만기가 되면 원금을 돌려받습니다.

예를 들어 삼성전자가 5년 만기, 연 3% 이자의 채권을 발행했다고 합시다. 이 채권을 1,000만 원어치 사면, 삼성전자에게 1,000만 원을 빌려주는 것입니다. 매년 30만 원(3%)의 이자를 받고, 5년 후에 1,000만 원을 돌려받습니다.

채권의 기본 구성요소

액면가는 채권의 원금입니다. 만기에 돌려받는 금액이면서 이자를 계산하는 기준점이 됩니다.

표면이율(쿠폰금리)은 액면가 대비 매년 받는 이자율입니다. 액면가 100만 원, 표면이율 3%라면 매년 3만 원의 이자를 받습니다.

만기는 원금을 돌려받는 시점입니다. 1년, 3년, 5년, 10년, 30년 등 다양합니다. 만기가 길수록 불확실성이 커서 보통 이자율이 높습니다.

발행가는 채권이 처음 발행될 때의 가격입니다. 보통 액면가와 같지만, 시장 상황에 따라 다를 수 있습니다.

채권과 주식의 차이

주식을 사면 그 기업의 주인이 됩니다. 기업이 잘되면 주가가 오르고 배당도 받지만, 망하면 투자금을 잃습니다. 채권을 사면 그 기업의 채권자가 됩니다. 돈을 빌려준 것이므로 기업이 잘되든 못되든 약속한 이자를 받고 원금을 돌려받습니다.

기업이 파산하면 어떻게 될까요? 채권자는 주주보다 먼저 돈을 받습니다. 남은 자산을 채권자에게 먼저 나눠 준 뒤, 그래도 남으면 주주에게 돌아갑니다. 그래서 채권이 주식보다 상대적으로 안전하다고 하는 것입니다.

대신 채권의 수익에는 상한이 있습니다. 주식은 기업이 크게 성장하면 10배, 100배의 수익도 가능하지만, 채권은 약속한 이자 이상을 받을 수 없습니다. 낮은 위험, 낮은 수익. 높은 위험, 높은 수익. 투자의 기본 원리입니다.

왜 채권에 투자하는가

안정적인 현금흐름이 첫 번째 이유입니다. 채권은 정해진 시기에 정해진 이자를 줍니다. 은퇴 후 생활비가 필요한 사람, 확실한 수입을 원하는 사람에게 적합합니다.

원금 보존도 중요한 이유입니다. 우량 채권은 원금을 돌려받을 확률이 높습니다. 특히 국채는 국가가 망하지 않는 한 원금이 보장됩니다.

포트폴리오 분산 효과도 있습니다. 주식과 채권의 움직임은 방향이 다른 경우가 많습니다. 주식이 떨어질 때 채권이 버텨 주면 전체 손실이 줄어듭니다.

직접 투자는 증권사를 통해 개별 채권을 사는 것입니다. 국채와 회사채는 종류에 따라 최소 투자금액이 다릅니다. 만기까지 보유하면 약속한 이자와 원금을 받습니다.

간접 투자는 채권형 펀드나 채권 ETF를 사는 것입니다. 여러 채권에 분산 투자할 수 있고, 소액으로 시작할 수 있습니다. 다만 펀드 운용 보수가 있고, 채권 가격 변동에 따라 손실이 날 수도 있습니다.

핵심 정리

- 채권은 돈을 빌려주고 이자를 받는 투자다.
- 채권자는 주주보다 먼저 돈을 받아, 주식보다 상대적으로 안전하다.
- 안정적인 현금흐름과 원금 보존이 채권 투자의 목적이다.
- 직접 투자 또는 펀드·ETF를 통한 간접 투자가 가능하다.

02
금리
— 모든 자산 가격의 출발점

"금리가 올랐대." 뉴스에서 자주 듣는 말입니다. 그런데 금리가 오르면 뭐가 달라지는 걸까요? 대출 이자가 높아지는 것 정도만 알고 있다면, 금리의 절반도 이해하지 못한 것입니다. 금리는 주식, 채권, 부동산, 환율까지 모든 자산 가격에 영향을 미치는 핵심 변수입니다.

금리의 정의

금리(Interest Rate)는 돈의 가격입니다. 돈을 빌리면 대가를 지불해야 하는데, 그 대가가 금리입니다. 연 5% 금리라면 100만 원을 1년 빌릴 때 5만 원을 이자로 내야 합니다.

반대로 돈을 빌려주는 입장에서 금리는 보상입니다. 지금 쓸 수 있는 돈을 포기하고 남에게 빌려주는 대가입니다. 그래서 금리는 '현재 소비를 미래로 미루는 대가'라고도 표현합니다.

금리가 중요한 이유

모든 자산의 가치는 미래의 현금흐름을 현재 가치로 환산한 것입니다. 이때 사용하는 할인율이 바로 금리입니다. 금리가 오르면 미래 현금흐름의 현재 가치가 줄어들고, 자산 가격이 떨어집니다. 금리가 내리면 반대입니다.

예를 들어 봅시다. 1년 후에 100만 원을 받을 권리가 있습니다. 금리가 5%라면 이것의 현재 가치는 약 95만 원입니다. 그런데 금리가 10%로 오르면? 현재 가치는 약 91만 원으로 떨어집니다. 같은 100만 원인데 금리에 따라 지금 가치가 달라지는 것입니다.

금리의 종류

명목금리는 표면에 드러난 금리입니다. 은행에서 '연 3%'라고 광고하면 그것이 명목금리입니다.

실질금리는 물가상승률을 뺀 금리입니다. 명목금리가 3%인데 물가가 2% 올랐다면 실질금리는 1%입니다. 실제로 구매력이 얼마나 늘었는지를 보여 줍니다.

단기금리는 1년 이하의 기간에 적용되는 금리입니다. 콜금리, CD금리 등이 있습니다. 장기금리는 1년 이상의 기간에 적용됩니다. 국채

금리, 회사채 금리 등이 해당합니다.

고정금리는 대출 기간 동안 금리가 변하지 않습니다. 변동금리는 시장 금리에 따라 바뀝니다. 대출받을 때 어떤 것을 선택하느냐에 따라 이자 부담이 달라집니다.

금리와 자산 가격의 관계

금리가 오르면 주식은 일반적으로 하락합니다. 기업의 대출 이자 부담이 늘고, 미래 이익의 현재 가치가 줄기 때문입니다. 또한 금리가 높아지면 안전한 예금이나 채권의 매력이 올라가, 주식에서 돈이 빠져나갑니다.

채권 가격은 금리와 반대로 움직입니다. 이 관계는 워낙 중요해서 별도의 장에서 자세히 다룹니다.

부동산도 금리의 영향을 크게 받습니다. 대부분의 사람이 대출을 받아 집을 사기 때문입니다. 금리가 오르면 이자 부담이 커져 수요가 줄고, 가격이 하락하는 경향이 있습니다.

환율도 금리와 연결됩니다. 한 나라의 금리가 다른 나라보다 높으면 그 나라 자산에 투자하려는 수요가 늘어 통화가 강세를 보입니다.

금리를 결정하는 요인

경기 상황이 가장 큰 요인입니다. 경기가 좋으면 돈을 빌리려는 수요가 많아져 금리가 오릅니다. 경기가 나쁘면 반대입니다.

물가도 중요합니다. 물가가 오르면 돈의 가치가 떨어지므로, 빌려주는 사람은 더 높은 이자를 요구합니다.

중앙은행의 정책도 결정적입니다. 중앙은행이 기준금리를 올리면 시장 금리도 따라 오릅니다. 이 내용은 다음 장에서 자세히 다룹니다.

투자자가 금리를 봐야 하는 이유

금리는 투자의 기회비용을 알려 줍니다. 금리가 5%라면, 어떤 투자를 하든 최소 5% 이상은 벌어야 의미가 있습니다. 그냥 예금해도 5%를 받을 수 있으니까요.

금리의 방향은 자산 배분의 신호입니다. 금리가 오르는 시기에는 채권 투자에 신중해야 하고, 금리가 내리는 시기에는 채권이 좋은 성과를 낼 수 있습니다.

금리 수준은 경제의 건강 상태를 보여 줍니다. 비정상적으로 낮은 금리는 경기 침체의 신호일 수 있고, 급격히 오르는 금리는 과열의 신호일 수 있습니다.

핵심 정리

- 금리는 돈의 가격이며, 모든 자산 가치 평가의 출발점이다.
- 금리가 오르면 대부분의 자산 가격은 하락하는 경향이 있다.

- 명목금리에서 물가상승률을 빼면 실질금리가 된다.
- 금리는 투자의 기회비용이자, 경제 상태를 보여 주는 지표다.

03

기준금리
— 중앙은행이 시장에 보내는 신호

"한국은행이 기준금리를 0.25%포인트 인상했습니다." 경제 뉴스에 단골로 등장하는 문장입니다. 그런데 기준금리가 무엇이길래 그렇게 중요한 걸까요? 한국은행이 정하는 이 숫자 하나가 수천만 명의 대출 이자, 예금 이자, 나아가 주식과 부동산 가격까지 흔듭니다.

기준금리의 정의

기준금리(Base Rate 또는 Policy Rate)는 중앙은행이 금융기관과 거래할 때 적용하는 기준이 되는 금리입니다. 한국은행이 시중은행에 돈을 빌려줄 때, 또는 시중은행이 한국은행에 돈을 맡길 때 적용되는 금리입니다.

쉽게 말해 '금리의 기준점'입니다. 시중은행들은 이 기준금리를 참고

해서 예금 금리와 대출 금리를 정합니다. 기준금리가 3%라면 예금 금리는 그보다 조금 낮게, 대출 금리는 그보다 높게 책정됩니다.

기준금리를 결정하는 곳

한국에서는 한국은행 금융통화위원회가 결정합니다. 총재를 포함해 7명의 위원이 연 8회 회의를 열어 기준금리를 정합니다. 미국에서는 연방준비제도(Fed)의 연방공개시장위원회(FOMC)가 결정합니다.

이들이 기준금리를 정할 때 가장 중요하게 보는 것은 물가와 경기입니다. 물가가 너무 오르면 금리를 올려 돈의 흐름을 줄입니다. 경기가 너무 침체되면 금리를 내려 돈이 돌게 합니다.

기준금리가 경제에 미치는 영향

기준금리가 오르면 대출 이자가 올라갑니다. 기업은 투자를 줄이고, 가계는 소비를 줄입니다. 돈의 흐름이 느려지고, 경기가 식습니다. 물가 상승 압력도 줄어듭니다.

기준금리가 내리면 반대입니다. 대출 이자가 내려가니 기업은 돈을 빌려 투자하고, 가계는 소비를 늘립니다. 돈이 활발히 돌고, 경기가 살아납니다. 다만 물가가 오를 수 있습니다.

이것을 '통화정책의 파급 경로'라고 합니다. 중앙은행의 금리 결정이 금융기관을 거쳐 기업과 가계에 전달되고, 결국 경제 전체에 영향을 미치는 것입니다.

기준금리와 시장금리의 관계

기준금리가 움직이면 시장의 다른 금리들도 따라 움직입니다. 다만 1:1로 연동되는 것은 아닙니다. 기준금리가 0.25%포인트 오른다고 모든 대출 금리가 0.25%포인트 오르지는 않습니다.

단기금리는 기준금리에 민감하게 반응합니다. 콜금리, CD금리 등은 거의 비슷하게 움직입니다. 장기금리는 기준금리보다는 경기 전망과 물가 기대에 더 영향을 받습니다.

예금 금리와 대출 금리는 은행의 사정도 반영됩니다. 은행들의 경쟁 상황, 자금 조달 비용 등에 따라 기준금리 변화의 반영 속도와 폭이 달라집니다.

투자자가 기준금리를 주목해야 하는 이유

기준금리 결정은 시장에 강력한 신호를 보냅니다. 금리를 올린다는 것은 '경기가 과열되고 있으니 조심하라'는 메시지입니다. 금리를 내린다는 것은 '경기가 어려우니 자극이 필요하다'는 신호입니다.

기준금리 변화를 예측하는 것도 투자에 중요합니다. 실제 금리가 바뀌기 전에 시장은 미리 반응합니다. 금리가 오를 것 같다는 예상만으로도 주식시장이 흔들릴 수 있습니다.

미국의 기준금리도 중요합니다. 미국 Fed의 금리 결정은 전 세계 금융시장에 영향을 미칩니다. 미국 금리가 오르면 달러 강세, 신흥국 자금 유출 등이 일어납니다. 한국 시장도 예외가 아닙니다.

기준금리의 한계

기준금리 정책에도 한계가 있습니다. 금리가 이미 0%에 가까우면 더 내릴 수 없습니다. 이를 '제로 금리의 덫'이라고 합니다. 이런 상황에서 경기를 부양하려면 양적완화 같은 다른 정책이 필요합니다.

기준금리 변화가 경제에 영향을 미치기까지는 시간이 걸립니다. 보통 6개월에서 1년 정도의 시차가 있습니다. 그래서 중앙은행은 지금의 상황이 아니라 앞으로의 상황을 예측해서 금리를 결정합니다.

핵심 정리

- 기준금리는 중앙은행이 정하는 금리의 기준점이다.
- 기준금리를 올리면 경기가 식고, 내리면 경기가 살아난다.
- 시장금리는 기준금리를 따르지만 1:1로 연동되지는 않는다.
- 기준금리 결정은 경제 전망에 대한 중앙은행의 신호다.

04

국채와 회사채
— 누가 더 안전한가

채권에도 등급이 있습니다. 아무나 돈을 빌려주는 게 아니듯, 아무 채권이나 사는 것도 아닙니다. 가장 큰 구분은 누가 발행했느냐입니다. 국가가 발행한 국채와 기업이 발행한 회사채는 안전성과 수익률에서 차이가 납니다.

국채의 정의와 특징

국채(Government Bond)는 국가가 발행하는 채권입니다. 정부가 재정 적자를 메우거나 대규모 사업을 할 때 필요한 돈을 마련하기 위해 발행합니다. 한국에서는 재정경제부가 발행하고 한국은행이 관리합니다.

국채는 가장 안전한 투자 수단으로 여겨집니다. 왜냐하면 국가는 세금을 걸고 화폐를 발행할 수 있어서 빚을 갚지 못할 가능성이 극히 낮기 때문입니다. 물론 그리스나 아르헨티나처럼 국가 부도가 나는 경우도 있지만, 선진국 국채는 사실상 무위험 자산으로 취급됩니다.

한국 국채에는 국고채, 재정증권, 국민주택채권 등이 있습니다. 가장 많이 거래되는 것은 국고채입니다. 3년, 5년, 10년, 20년, 30년, 50년 등 다양한 만기로 발행됩니다.

회사채의 정의와 특징

회사채(Corporate Bond)는 기업이 발행하는 채권입니다. 기업이 공장을 짓거나 사업을 확장할 때 은행 대출 대신 채권을 발행해 직접 투자자로부터 돈을 빌리는 것입니다.

회사채는 국채보다 위험합니다. 기업은 국가와 달리 파산할 수 있기 때문입니다. 그래서 회사채는 국채보다 높은 이자를 줍니다. 이 차이를 '신용 스프레드'라고 합니다.

회사채도 발행 기업에 따라 안전성이 다릅니다. 삼성전자가 발행한 채권과 이름 모를 중소기업이 발행한 채권의 위험은 다릅니다. 이런 차이를 구분하기 위해 신용등급이라는 제도가 있습니다.

국채와 회사채의 비교

안전성에서 국채가 압도적으로 유리합니다. 국가 부도는 극히 드물지만, 기업 부도는 흔히 일어납니다. 원금 보존이 최우선이라면 국채를 선택해야 합니다.

수익률에서는 회사채가 높습니다. 더 많은 위험을 감수하는 대가입니다. 같은 만기라면 회사채가 국채보다 1~3%포인트 정도 높은 이자를 제공합니다.

유동성에서도 국채가 낫습니다. 국채는 발행량이 많고 거래가 활발해서 팔고 싶을 때 쉽게 팔 수 있습니다. 회사채는 종류가 다양하고 거래량이 적어 원하는 때에 원하는 가격에 팔기 어려울 수 있습니다.

투자자 입장에서의 선택

안전을 추구하는 투자자는 국채가 적합합니다. 특히 은퇴 자금처럼 절대 잃으면 안 되는 돈은 국채에 두는 것이 현명합니다. 물가연동국채를 사면 인플레이션까지 방어할 수 있습니다.

조금 더 높은 수익을 원한다면 우량 회사채를 고려할 수 있습니다. AAA, AA 등급의 대기업 채권은 국채보다 높은 이자를 주면서도 비교적 안전합니다.

채권 ETF를 활용하면 국채와 회사채를 섞어서 투자할 수 있습니다. 직접 채권을 사기 어렵거나 분산 투자를 원하는 투자자에게 적합합니다.

신용 스프레드의 의미

신용 스프레드(Credit Spread)는 회사채 금리에서 국채 금리를 뺀 것입니다. 같은 만기의 국채가 3%, 회사채가 4.5%라면 신용 스프레드는 1.5%포인트입니다.

신용 스프레드는 시장의 위험 인식을 보여 줍니다. 경기가 불안해지면 기업 부도 위험이 커지므로 투자자들은 더 높은 이자를 요구합니다. 스프레드가 벌어집니다. 반대로 경기가 좋으면 스프레드가 줄어듭니다.

스프레드의 변화를 보면 경기 전망을 가늠할 수 있습니다. 스프레드가 급격히 확대되면 금융시장에 불안이 커지고 있다는 신호입니다. 2008년 금융위기 때 스프레드가 크게 벌어진 것이 대표적입니다.

핵심 정리

- 국채는 국가가, 회사채는 기업이 발행한다.
- 국채가 더 안전하고, 회사채가 더 높은 이자를 준다.
- 신용 스프레드는 회사채와 국채의 금리 차이로, 시장의 위험 인식을 보여 준다.
- 안전 추구는 국채, 수익 추구는 우량 회사채가 적합하다.

05
이자율과 채권 가격
— 반대로 움직이는 이유

"금리가 오르면 채권 가격이 떨어진다." 채권 투자의 가장 기본적인 원리입니다. 그런데 왜 그럴까요? 많은 사람들이 이 관계를 외우기만 하고 이유를 모릅니다. 원리를 이해하면 채권 투자의 핵심이 보입니다.

채권 가격이 변하는 이유

채권은 발행된 후에도 만기 전까지 시장에서 사고팔 수 있습니다. 그리고 가격은 고정되어 있지 않습니다. 시장 금리에 따라 변합니다.

예를 들어 봅시다. 작년에 연 3% 이자를 주는 10년 만기 국채를 100만 원에 샀습니다. 그런데 올해 금리가 올라서 새로 발행되는 국채는 연 5% 이자를 줍니다. 지금 내 채권을 팔고 싶다면, 과연 100만 원에 팔 수 있을까요?

새 채권은 5%를 주는데 내 채권은 3%밖에 안 줍니다. 아무도 같은 가격에 사려 하지 않습니다. 팔려면 가격을 낮춰야 합니다. 얼마나? 내 채권을 사서 3% 이자를 받는 것이 새 채권으로 5%를 받는 것과 비슷한 수익이 되는 수준까지입니다.

반대로, 금리가 내리면

금리가 내리면 반대 상황이 벌어집니다. 내가 가진 채권은 연 3%를 주는데, 새로 발행되는 채권은 연 1%밖에 안 줍니다. 내 채권이 훨씬 매력적입니다. 사려는 사람이 많아지고, 가격이 오릅니다.

이것이 금리와 채권 가격이 반대로 움직이는 원리입니다. 기존 채권의 이자율은 고정되어 있는데 시장 금리가 변하면, 기존 채권의 매력도가 바뀌고 그에 따라 가격이 조정되는 것입니다.

듀레이션: 민감도의 척도

모든 채권이 금리 변화에 똑같이 반응하지는 않습니다. 만기가 긴 채권이 더 크게 반응합니다. 이 민감도를 측정하는 것이 듀레이션(Duration)입니다.

듀레이션이 5년이라면, 금리가 1% 오를 때 채권 가격이 약 5% 떨어진다는 뜻입니다. 듀레이션이 10년이면 약 10% 떨어집니다. 만기가 긴 채권일수록, 표면이율이 낮은 채권일수록 듀레이션이 깁니다.

투자자 입장에서 듀레이션은 위험의 척도입니다. 금리가 오를 것 같으면 듀레이션이 짧은 채권이 유리하고, 금리가 내릴 것 같으면 듀레이션이 긴 채권이 유리합니다.

만기 보유와 중도 매도

여기서 중요한 점이 있습니다. 채권을 만기까지 보유하면 가격 변동이 의미 없습니다. 처음 약속한 이자를 받고, 만기에 액면가를 돌려받습니다. 중간에 가격이 오르든 내리든 상관없습니다.

문제는 만기 전에 팔아야 할 때입니다. 금리가 오른 상황에서 급히 돈이 필요해 채권을 팔면 손해를 봅니다. 반대로 금리가 내린 상황에서 팔면 이익을 얻습니다.

그래서 채권 투자 기간과 채권 만기를 맞추는 것이 중요합니다. 5년 후에 쓸 돈이라면 5년 만기 채권에 투자하면 됩니다. 만기까지 보유하면 중간의 가격 변동과 상관없이 약속한 수익을 얻습니다.

채권 투자의 두 가지 수익

채권 투자 수익에는 두 가지가 있습니다. 하나는 이자 수입(쿠폰 수익)입니다. 약속된 이자를 정기적으로 받는 것입니다. 이것은 만기까지 보유하면 확정됩니다.

다른 하나는 자본 차익입니다. 채권을 샀을 때보다 높은 가격에 팔면 생기는 이익입니다. 금리가 내리면 자본 차익을 얻고, 금리가 오르면 자본 손실이 납니다.

두 수익을 합한 것이 총 수익률입니다. 금리가 올라 가격이 떨어져도 이자 수입이 충분하면 총 수익은 플러스일 수 있습니다. 반대로 가격이 올라도 이자가 너무 낮으면 총 수익이 기대에 못 미칠 수 있습니다.

실전에서의 활용

금리가 고점이라고 판단되면 장기 채권에 투자하는 것이 유리합니다. 금리가 내리면 가격 상승으로 자본 차익을 얻을 수 있습니다.

금리가 바닥이라고 판단되면 단기 채권이나 현금성 자산을 보유하는 것이 낫습니다. 금리가 오르면 장기 채권은 큰 손실을 볼 수 있습니다.

다만 금리 방향을 정확히 예측하기는 어렵습니다. 그래서 다양한 만기의 채권에 분산 투자하거나, 사다리형 포트폴리오를 구성하기도 합니다.

핵심 정리

- 금리가 오르면 채권 가격은 떨어지고, 금리가 내리면 채권 가격은 오른다.
- 만기가 긴 채권일수록 금리 변화에 더 민감하게 반응한다.

- 만기까지 보유하면 가격 변동과 상관없이 약속한 수익을 받는다.

- 채권 수익은 이자 수입과 자본 차익으로 구성된다.

06

신용등급
― 돈을 빌릴 수 있는 신뢰의 점수

친구에게 돈을 빌려줄 때 무엇을 따지나요? 그 친구가 돈을 잘 갚을 사람인지, 안정적인 수입이 있는지, 전에 빌린 돈은 제때 갚았는지 봅니다. 금융시장에서도 마찬가지입니다. 채권을 살 때 발행자가 돈을 잘 갚을지 평가합니다. 이 평가를 수치화한 것이 신용등급입니다.

신용등급의 정의

신용등급(Credit Rating)은 채무자가 빚을 제때 갚을 수 있는 능력과 의지를 평가한 등급입니다. 국가, 기업, 금융기관 등 채권을 발행하는 모든 주체에게 매겨집니다.

전문 신용평가회사가 평가합니다. 세계적으로는 무디스(Moody's), S&P, 피치(Fitch)가 유명하고, 한국에서는 한국신용평가, 나이스신용

평가, 한국기업평가 등이 활동합니다.

신용등급 체계

등급은 보통 알파벳으로 표시됩니다. S&P 기준으로 AAA가 최고 등급이고, AA, A, BBB, BB, B, CCC, CC, C, D 순서로 내려갑니다. 각 등급 내에서도 +, -로 세분합니다. AA+는 AA보다 높고, AA-는 낮습니다.

BBB 이상을 '투자등급', BB 이하를 '투기등급(정크등급)'이라고 합니다. 많은 기관투자자들은 투자등급 채권에만 투자하도록 규정되어 있습니다. 그래서 BBB에서 BB로 떨어지는 '추락천사(Fallen Angel)'가 되면 매도 물량이 쏟아져 가격이 급락합니다.

신용등급이 중요한 이유

신용등급은 이자율을 결정합니다. 등급이 높으면 낮은 이자로 돈을 빌릴 수 있고, 등급이 낮으면 높은 이자를 줘야 합니다. AAA 기업과 BB 기업의 차입 비용은 크게 다릅니다.

투자자에게는 위험의 지표입니다. 높은 등급의 채권은 안전하고, 낮은 등급의 채권은 위험합니다. 다만 위험한 만큼 높은 이자를 제공합니다. 투자자는 자신의 위험 허용 범위에 맞는 등급을 선택합니다.

국가 신용등급도 중요합니다. 국가 등급이 내려가면 그 나라 기업들의 등급도 영향을 받습니다. 해외 자금 유치가 어려워지고, 환율이 불안해질 수 있습니다.

신용등급의 한계

신용등급이 절대적인 것은 아닙니다. 2008년 금융위기 때 AAA 등급을 받은 많은 파생상품이 휴지 조각이 되었습니다. 신용평가회사들이 제대로 평가하지 못했거나 이해 충돌이 있었다는 비판이 있었습니다.

등급은 과거 정보를 바탕으로 합니다. 미래의 급격한 변화를 미리 반영하지 못할 수 있습니다. 어제까지 우량했던 기업이 오늘 갑자기 부도날 수도 있습니다.

평가회사마다 등급이 다를 수 있습니다. 같은 기업을 무디스는 A로, S&P는 BBB+로 평가할 수 있습니다. 하나의 등급만 보지 말고 여러 평가를 참고해야 합니다.

개인의 신용점수

개인에게는 신용점수가 있습니다. 한국에서는 나이스평가정보, 코리아크레딧뷰로(KCB) 등이 개인 신용을 평가합니다.

개인 신용점수는 대출 금리에 직접 영향을 미칩니다. 신용이 좋으면 낮은 금리로 대출받을 수 있고, 신용이 나쁘면 높은 금리를 내거나 아예 대출이 거절될 수 있습니다.

신용점수를 관리하려면 대출을 제때 갚고, 신용카드 연체를 피해야 합니다. 건전한 금융 생활이 좋은 신용의 기본입니다.

투자 시 활용법

안전을 추구한다면 투자등급(BBB 이상) 채권에만 투자합니다. 원금 손실 가능성이 낮습니다.

높은 수익을 원한다면 하이일드 채권(High Yield Bond)을 고려할 수 있습니다. 투기등급 채권을 말하며, 높은 위험에 높은 이자를 제공합니다. 다만 부도 위험을 감수해야 합니다.

하이일드 채권에 투자할 때는 개별 채권보다 펀드나 ETF를 통해 분산하는 것이 좋습니다. 한 기업의 부도가 전체 포트폴리오에 미치는 영향을 줄일 수 있습니다.

핵심 정리

- 신용등급은 채무자가 빚을 갚을 능력을 평가한 등급이다.
- BBB 이상은 투자등급, BB 이하는 투기등급으로 분류된다.
- 등급이 낮을수록 위험하지만 높은 이자를 제공한다.
- 신용등급은 중요한 참고자료이지만 절대적이지 않다.

07

인플레이션
— 보이지 않게 줄어드는 돈의 가치

"예전에는 자장면이 500원이었는데." 어른들이 자주 하는 말입니다. 같은 자장면인데 왜 가격이 달라졌을까요? 물건 값이 오른 것일까요, 돈의 가치가 떨어진 것일까요? 사실 둘 다 맞습니다. 이것이 인플레이션입니다. 투자자가 가장 경계해야 할 적 중 하나입니다.

인플레이션의 정의

인플레이션(Inflation)은 전반적인 물가 수준이 지속적으로 오르는 현상입니다. 개별 상품의 가격이 오르는 것과는 다릅니다. 자장면, 아파트, 지하철 요금, 영화 티켓 등 대부분의 가격이 함께 오르는 것입니다.

인플레이션은 곧 돈의 가치 하락입니다. 물가가 2배 올랐다면, 같은 돈으로 절반밖에 못 삽니다. 돈을 그대로 들고 있으면 구매력이 줄어듭니다. 그래서 인플레이션을 '보이지 않는 세금'이라고도 합니다.

인플레이션의 측정

인플레이션은 보통 소비자물가지수(CPI)로 측정합니다. 가정에서 소비하는 대표적인 상품과 서비스의 가격을 조사해 지수로 만든 것입니다. 작년 대비 몇 퍼센트 올랐는지가 물가상승률입니다.

근원 인플레이션은 변동이 큰 식품과 에너지를 제외한 물가 상승률입니다. 일시적인 변동을 빼고 물가의 기조적인 흐름을 보기 위한 지표입니다. 중앙은행은 이 지표를 특히 중요하게 봅니다.

인플레이션의 원인

수요 견인 인플레이션은 수요가 공급보다 많을 때 발생합니다. 경기가 좋아서 사람들이 돈을 많이 쓰면 물건 값이 오릅니다. 정부가 돈을 많이 풀어도 비슷한 현상이 일어납니다.

비용 인상 인플레이션은 생산 비용이 올라서 발생합니다. 원자재 가격이 오르거나 임금이 오르면 기업은 그 비용을 제품 가격에 반영합니다.

통화량 증가도 원인입니다. 돈이 너무 많이 풀리면 돈의 가치가 떨어지고 물가가 오릅니다. "인플레이션은 언제 어디서나 화폐적 현상이다."라는 밀턴 프리드먼의 말이 유명합니다.

인플레이션이 투자에 미치는 영향

현금과 예금은 인플레이션에 취약합니다. 물가가 3% 오르는데 예금 이자가 2%라면 실질적으로 1%를 잃는 것입니다. 현금을 그냥 두면 구매력이 계속 줄어듭니다.

채권도 인플레이션에 약합니다. 특히 고정 금리 채권은 물가가 올라도 이자가 그대로입니다. 인플레이션이 예상보다 높으면 채권 투자자는 손해를 봅니다.

주식은 상대적으로 인플레이션에 강합니다. 기업은 물가 상승분을 제품 가격에 반영할 수 있기 때문입니다. 다만 모든 기업이 다 그런 것은 아닙니다. 가격 결정력이 있는 기업이 유리합니다.

부동산과 원자재는 전통적인 인플레이션 헤지 자산입니다. 물가가 오르면 함께 오르는 경향이 있습니다. 다만 이것도 상황에 따라 다릅니다.

인플레이션에 대응하는 투자 전략

물가연동국채는 인플레이션에 따라 원금과 이자가 조정됩니다. 물가가 오르면 받는 금액도 늘어나 구매력을 유지할 수 있습니다.

실물자산 비중을 높이는 것도 방법입니다. 부동산, 금, 원자재 등은 물가 상승기에 가치를 유지하거나 상승하는 경향이 있습니다.

주식 중에서도 필수소비재, 에너지, 원자재 기업 등이 인플레이션기에 상대적으로 강합니다. 물가 상승을 제품 가격에 반영하기 쉬운 업종입니다.

가장 중요한 것은 인플레이션보다 높은 수익률을 내는 것입니다. 물가가 3% 오르면 최소 3% 이상의 수익을 내야 실질 자산이 유지됩니다.

적정 인플레이션

인플레이션이 무조건 나쁜 것은 아닙니다. 대부분의 중앙은행은 연 2% 정도의 인플레이션을 목표로 합니다. 적당한 물가 상승은 경제가 건강하게 성장하고 있다는 신호입니다.

문제는 인플레이션이 너무 높거나 불안정할 때입니다. 물가가 급등하면 사람들의 생활이 어려워지고, 기업은 계획을 세우기 어렵습니다. 하이퍼인플레이션이 되면 경제 시스템 자체가 무너집니다.

핵심 정리

- 인플레이션은 물가가 지속적으로 오르고 돈의 가치가 떨어지는 현상이다.
- 현금과 채권은 인플레이션에 취약하고, 실물자산은 상대적으로 강하다.
- 투자 수익률이 인플레이션보다 낮으면 실질 자산이 줄어든다.
- 적정한 인플레이션은 경제 성장의 신호이지만, 급격한 인플레이션은 위험하다.

08

디플레이션
— 싸지는데도 위험한 이유

물건 값이 내려가면 좋은 거 아닌가요? 얼핏 그렇게 보입니다. 오늘보다 내일 물건이 싸지면 소비자로서는 이득입니다. 그런데 경제학자들은 디플레이션을 인플레이션보다 더 무서워합니다. 물가가 계속 떨어지면 경제 전체가 얼어붙을 수 있기 때문입니다.

디플레이션의 정의

디플레이션(Deflation)은 전반적인 물가 수준이 지속적으로 떨어지는 현상입니다. 인플레이션의 반대입니다. 물가가 떨어진다는 것은 돈의 가치가 올라간다는 뜻입니다.

일시적인 물가 하락과는 다릅니다. 기술 발전으로 특정 제품이 싸지는 것은 좋은 현상입니다. 하지만 경제 전체의 물가가 지속적으로 하락하는 것은 심각한 문제입니다.

디플레이션이 위험한 이유

소비가 위축됩니다. 내일 더 싸질 거라고 생각하면 오늘 사지 않습니다. 모두가 소비를 미루면 기업의 매출이 줄고, 생산이 줄고, 일자리가 줄어듭니다.

부채 부담이 커집니다. 돈의 가치가 올라가면 빚의 실질 가치도 올라갑니다. 1억을 빌렸는데 물가가 10% 떨어지면, 실질적으로 1억 1천만 원을 갚는 셈입니다. 기업과 가계의 부채 부담이 무거워집니다.

임금이 경직됩니다. 물가가 떨어져도 임금은 쉽게 내리지 못합니다. 기업 입장에서는 인건비 부담이 커지고, 결국 해고로 이어집니다.

악순환이 일어납니다. 소비 감소 → 기업 실적 악화 → 해고 → 소득 감소 → 소비 추가 감소. 이 고리를 '디플레이션 스파이럴'이라고 합니다. 한번 빠지면 벗어나기 어렵습니다.

디플레이션의 역사적 사례

1930년대 대공황이 대표적입니다. 미국의 물가는 4년간 25% 이상 떨어졌습니다. 실업률은 25%를 넘었고, 경제가 완전히 무너졌습니다. 회복하는 데 10년 이상 걸렸습니다.

일본의 '잃어버린 30년'도 디플레이션과 관련 있습니다. 1990년대 부동산 버블이 꺼진 후 일본은 장기 디플레이션에 빠졌습니다. 물가가 거의 오르지 않고, 경제 성장도 정체되었습니다.

디플레이션에 대한 정책 대응

중앙은행은 금리를 낮춥니다. 금리를 내려 대출을 늘리고 소비를 촉진하려 합니다. 하지만 금리가 이미 0%에 가까우면 더 내릴 수 없습니다.

양적완화를 시행합니다. 중앙은행이 직접 채권 등을 사들여 시장에 돈을 푸는 것입니다. 일본, 미국, 유럽 등이 이 정책을 사용했습니다.

정부는 재정지출을 늘립니다. 정부가 직접 돈을 써서 수요를 만들어 냅니다. 인프라 투자, 복지 지출 등이 여기에 해당합니다.

디플레이션기의 투자

현금과 채권이 유리합니다. 물가가 떨어지면 돈의 가치가 올라갑니다. 같은 돈으로 더 많이 살 수 있습니다. 고정 금리 채권도 실질 수익률이 높아집니다.

주식과 부동산은 불리합니다. 경기 침체로 기업 실적이 악화되고, 자산 가격이 하락합니다. 디플레이션기에는 자산을 줄이고 현금 비중을 높이는 것이 방어적 전략입니다.

다만 디플레이션이 영원히 지속되지는 않습니다. 정책 대응이 효과를 내면 물가가 다시 오르기 시작합니다. 바닥에서 자산을 사면 큰 수익을 얻을 수 있지만, 타이밍을 맞추기가 어렵습니다.

인플레이션과 디플레이션 사이

투자자는 인플레이션과 디플레이션 모두에 대비해야 합니다. 어느 쪽으로 갈지 확실히 알 수 없기 때문입니다. 다양한 자산에 분산 투자하는 것이 기본입니다.

인플레이션에는 실물자산이, 디플레이션에는 현금과 채권이 강합니다. 두 종류의 자산을 함께 보유하면 어느 상황에서도 어느 정도 보호받을 수 있습니다.

핵심 정리

- 디플레이션은 물가가 지속적으로 하락하는 현상으로, 경제에 심각한 악영향을 미친다.
- 소비 위축, 부채 부담 증가, 실업 증가의 악순환이 일어난다.
- 디플레이션기에는 현금과 채권이 유리하고, 주식과 부동산은 불리하다.
- 인플레이션과 디플레이션 양쪽에 대비하는 분산 투자가 필요하다.

09

통화량
— 돈이 많아지면 정말 부자가 될까

정부가 돈을 많이 찍어 내면 모두 부자가 될까요? 안타깝게도 그렇지 않습니다. 돈이 많아지면 돈의 가치가 떨어질 뿐입니다. 통화량은 경제의 혈액량과 같습니다. 너무 적어도, 너무 많아도 문제입니다.

통화량의 정의

통화량(Money Supply)은 경제에 풀려 있는 돈의 양입니다. 여기서 '돈'은 현금뿐 아니라 은행 예금 등 언제든 현금처럼 쓸 수 있는 것들을 포함합니다.

통화량은 여러 가지로 측정됩니다. M1은 현금과 요구불예금 등 가장 유동성이 높은 돈입니다. M2는 M1에 정기예금, MMF 등을 더한 것입니다. 한국에서는 M2를 가장 많이 씁니다.

통화량이 늘어나는 과정

중앙은행이 돈을 찍어 냅니다. 엄밀히 말하면 '찍어 낸다'기보다는 시중은행에 대출을 해 주거나 채권을 사들여 돈을 공급합니다. 이것을 '본원통화 공급'이라고 합니다.

시중은행이 돈을 불립니다. 은행에 100원이 들어오면 일부만 지급준비금으로 남기고 나머지는 대출합니다. 대출받은 돈이 다시 예금되고, 또 대출됩니다. 이 과정을 통해 돈이 여러 배로 늘어납니다. 이것이 '신용창조'입니다.

예를 들어 지급준비율이 10%라면, 중앙은행이 100원을 풀면 최대 1,000원까지 통화량이 늘어날 수 있습니다. 실제로는 이보다 적지만, 중앙은행이 푸는 돈보다 시중에 도는 돈이 훨씬 많아지는 것은 사실입니다.

통화량과 물가의 관계

통화량이 늘면 일반적으로 물가가 오릅니다. 돈이 많아지면 돈의 가치가 떨어지고, 상대적으로 물건 값이 오르기 때문입니다. 이것이 인플레이션의 화폐적 원인입니다.

화폐수량설에 따르면, 통화량이 2배가 되면 물가도 2배가 됩니다. 물론 현실은 이보다 복잡합니다. 경제 성장률, 돈의 유통 속도 등 다른 요인들도 작용합니다.

2020년 코로나 팬데믹 때 각국 정부가 엄청난 돈을 풀었습니다. 그 결과 2022년에 40년 만에 가장 높은 인플레이션이 찾아왔습니다. 통화량과 물가의 관계를 생생하게 보여 준 사례입니다.

통화량과 자산 가격

통화량이 늘면 물가만 오르는 게 아닙니다. 주식, 부동산 등 자산 가격도 오릅니다. 돈이 많아지면 그 돈이 자산 시장으로 흘러 들어가기 때문입니다.

2010년대 저금리 시대에 전 세계 주식시장이 크게 올랐습니다. 중앙은행들이 양적완화로 돈을 풀었고, 그 돈이 주식, 부동산, 가상자산 등으로 흘러갔습니다.

이것을 '자산 인플레이션'이라고 합니다. 소비자물가는 안정적인데 자산 가격만 크게 오르는 현상입니다. 자산을 가진 사람은 부자가 되고, 자산이 없는 사람은 상대적으로 가난해지는 부작용이 있습니다.

통화정책의 변화를 주시해야 하는 이유

통화량의 변화는 투자에 큰 영향을 미칩니다. 중앙은행이 돈을 풀면 자산 가격이 오르고, 돈을 거두면 자산 가격이 떨어지는 경향이 있습니다.

중앙은행의 정책 변화를 주시해야 합니다. '양적완화를 시작한다'는 말은 돈을 풀겠다는 것이고, '양적긴축을 시작한다'는 말은 돈을 거두겠다는 것입니다.

미국 Fed의 정책이 특히 중요합니다. 달러는 세계 기축통화이므로 미국의 통화정책은 전 세계 금융시장에 영향을 미칩니다. Fed가 돈을 풀면 신흥국에도 돈이 들어오고, 돈을 거두면 빠져나갑니다.

투자자가 봐야 할 지표

M2 증가율을 봅니다. 통화량이 빠르게 늘고 있다면 인플레이션과 자산 가격 상승을 예상할 수 있습니다. 증가율이 둔화되거나 감소한다면 반대입니다.

중앙은행 대차대조표 규모도 중요합니다. 양적완화로 중앙은행이 자산을 많이 사들이면 대차대조표가 커집니다. 이 규모가 늘고 있는지, 줄고 있는지를 봅니다.

이런 지표들은 한국은행 경제통계시스템, 미국 Fed 웹사이트 등에서 무료로 확인할 수 있습니다.

핵심 정리

- 통화량은 경제에 풀려 있는 돈의 양으로, M2가 대표적인 지표다.
- 통화량이 늘면 물가와 자산 가격이 오르는 경향이 있다.
- 중앙은행의 통화정책 변화는 투자 환경에 큰 영향을 미친다.
- M2 증가율, 중앙은행 대차대조표 규모 등을 주시해야 한다.

10

환율
— 국경을 넘는 돈의 가격

해외여행을 가면 원화를 달러나 엔화로 바꿉니다. 이때 적용되는 비율이 환율입니다. 환율이 오르면 여행 경비가 늘어나고, 환율이 내리면 줄어듭니다. 그런데 환율의 영향은 여행 경비에 그치지 않습니다. 수출 기업의 실적, 해외 주식 투자 수익, 심지어 라면 가격까지 환율의 영향을 받습니다.

환율의 정의

환율(Exchange Rate)은 한 나라 통화와 다른 나라 통화의 교환 비율입니다. 원/달러 환율이 1,300원이라면, 1달러를 사려면 1,300원이 필요하다는 뜻입니다.

환율이 오른다(원화 약세)는 것은 같은 달러를 사는 데 더 많은 원화가 필요해진다는 뜻입니다. 환율이 내린다(원화 강세)는 것은 더 적은 원화로 같은 달러를 살 수 있다는 뜻입니다.

환율이 결정되는 원리

기본적으로 수요와 공급에 의해 결정됩니다. 달러를 사려는 사람이 많으면 달러 가치가 오르고(원/달러 환율 상승), 원화를 사려는 사람이 많으면 원화 가치가 오릅니다(원/달러 환율 하락).

금리 차이가 중요한 요인입니다. 한국 금리가 미국 금리보다 높으면 한국 자산에 투자하려는 외국인이 늘어 원화 수요가 증가하고, 원화가 강세를 보이는 경향이 있습니다.

경상수지도 영향을 미칩니다. 수출이 많아 달러가 많이 들어오면 달러 공급이 늘어 원화 강세가 됩니다. 수입이 많으면 반대입니다.

국제 정세와 투자 심리도 작용합니다. 위기 상황에서는 안전자산인 달러로 몰려 달러 강세가 됩니다. 2020년 코로나 초기, 2022년 우크라이나 전쟁 때 달러가 급등한 것이 예입니다.

환율과 경제

환율이 오르면 수출 기업에 유리합니다. 같은 달러를 받아도 원화로 환산하면 더 많기 때문입니다. 반대로 수입 기업은 불리합니다. 원자재를 사오는 데 더 많은 원화가 듭니다.

소비자 물가에도 영향을 미칩니다. 환율이 오르면 수입 물가가 올라 국내 물가도 오르는 압력을 받습니다. 한국처럼 원유, 곡물 등을 수입에 의존하는 나라는 환율 상승이 물가 상승으로 이어지기 쉽습니다.

외채가 많은 나라는 환율 상승이 부담입니다. 달러로 빚을 갚아야 하는데 환율이 오르면 갚을 돈이 늘어납니다. 1997년 외환위기 때 한국이 겪은 어려움입니다.

환율과 투자

해외 주식에 투자하면 환율 위험이 생깁니다. 미국 주식이 10% 올랐는데 원/달러 환율이 10% 떨어지면 원화 기준 수익은 0입니다. 반대로 환율이 오르면 주식 수익에 환차익까지 더해집니다.

환헤지 상품을 활용할 수 있습니다. 환율 변동 위험을 제거한 펀드나 ETF가 있습니다. 다만 헤지 비용이 들고, 환율 상승의 이익도 포기해야 합니다.

수출 기업 주식은 환율 상승 시 유리합니다. 삼성전자, 현대차 같은 수출 비중이 높은 기업은 환율이 오르면 실적이 좋아지는 경향이 있습니다.

환율의 방향을 예측할 수 있을까

환율은 예측하기 가장 어려운 변수 중 하나입니다. 전문가들도 자주 틀립니다. 금리, 물가, 경상수지, 정치 상황 등 너무 많은 요인이 복잡하게 얽혀 있기 때문입니다.

단기 환율 예측은 거의 불가능합니다. 내일 환율이 오를지 내릴지 맞히는 것은 동전 던지기와 다르지 않습니다. 환율 방향에 베팅하는 것은 투자가 아니라 투기에 가깝습니다.

장기적으로는 경제 펀더멘털이 반영됩니다. 경제가 탄탄하고 물가가 안정된 나라의 통화는 장기적으로 강세를 보이는 경향이 있습니다.

일반 투자자의 환율 대응

달러 자산을 일부 보유하는 것이 좋습니다. 원화 자산만 있으면 원화 가치 하락의 위험에 노출됩니다. 달러 예금이나 미국 주식을 일부 갖고 있으면 원화 약세에 대한 헤지가 됩니다.

환율 변동에 일희일비하지 않는 것이 중요합니다. 장기 투자자라면 환율의 단기 변동보다 투자 자산 자체의 가치에 집중해야 합니다. 시간이 지나면 환율 변동은 평균화되는 경향이 있습니다.

핵심 정리

- 환율은 두 나라 통화의 교환 비율로, 금리·경상수지·투자 심리 등에 영향을 받는다.
- 환율 상승은 수출 기업에 유리하고 수입 물가를 올린다.

- 해외 투자 시 환율 변동이 수익에 영향을 미친다.

- 환율 예측은 어렵고, 달러 자산 보유로 위험을 분산하는 것이 현

  명하다.

Chapter 4

부동산과 실물자산, 그리고 대안투자

— 주식 밖의 세계를 이해하는 투자 상식

INVESTMENT

01

부동산 투자
— 거주와 투자의 경계

"내 집 마련이 꿈이에요." 한국에서 이 말은 단순히 거주 공간을 갖고 싶다는 의미가 아닙니다. 안정적인 자산을 확보하고 싶다, 물가 상승에 대비하고 싶다, 노후를 준비하고 싶다는 복합적인 욕구가 담겨 있습니다. 그런데 '내가 사는 집'은 과연 투자일까요? 부동산 투자의 본질을 이해하려면 먼저 이 질문에 답해야 합니다.

부동산 투자의 정의

부동산 투자(Real Estate Investment)는 토지, 건물 등 부동산 자산을 매입하여 임대 수익이나 시세 차익을 얻으려는 행위입니다. 핵심은 '수익 창출'입니다. 단순히 부동산을 소유하는 것과 투자하는 것은 다릅니다. 투자라면 그 자산이 나에게 돈을 벌어다 주거나, 미래에 더 높은 가격에 팔 수 있어야 합니다.

부동산 투자의 수익은 크게 두 가지로 나뉩니다. 임대 수익은 세입자에게 받는 월세입니다. 매달 꾸준히 현금이 들어오는 것이 장점입니다. 시세 차익은 매입 가격보다 높은 가격에 팔아서 얻는 이익입니다. 한국에서는 전통적으로 시세 차익에 대한 기대가 컸습니다.

거주용 주택은 투자인가

내가 직접 사는 집은 엄밀히 말하면 투자가 아닙니다. 왜냐하면 임대 수익이 없기 때문입니다. 물론 월세를 내지 않아도 되니 '아낀 비용'이 있다고 볼 수 있습니다. 하지만 대출 이자, 재산세, 관리비, 수리비 등 유지 비용이 계속 나갑니다. 현금흐름 관점에서 보면 돈이 나가는 자산입니다.

그럼에도 자가 보유가 의미 있는 이유가 있습니다. 첫째, 인플레이션 헤지 효과가 있습니다. 물가가 오르면 부동산 가격도 오르는 경향이 있어 자산 가치를 보전할 수 있습니다. 둘째, 강제 저축 효과가 있습니다. 대출 원금을 갚는 것은 결국 자산을 쌓는 것입니다. 셋째, 거주 안정성이 있습니다. 집주인의 사정에 따라 이사해야 하는 불안에서 벗어날 수 있습니다.

다만 이런 장점들은 '투자 수익'과는 다릅니다. 자가 보유는 소비에 가깝고, 임대용 부동산을 보유하는 것이 진정한 의미의 부동산 투자입니다.

부동산 투자의 특성

부동산은 다른 자산과 구별되는 몇 가지 특성이 있습니다.

진입 장벽이 높습니다. 주식은 몇만 원으로도 시작할 수 있지만, 부동산은 최소 수천만 원에서 수억 원이 필요합니다. 대출을 활용하더라도 상당한 초기 자금이 들어갑니다.

유동성이 낮습니다. 주식은 당장 팔 수 있지만, 부동산은 팔기까지 몇 달이 걸립니다. 급하게 팔면 시세보다 낮은 가격을 받아야 합니다.

레버리지 활용이 용이합니다. 은행에서 주식 담보 대출은 제한적이지만, 주택담보대출은 자산 가격의 상당 부분까지 가능합니다. 이것이 양날의 검입니다. 가격이 오르면 수익률이 높아지지만, 떨어지면 손실도 커집니다.

관리가 필요합니다. 주식은 사 놓으면 신경 쓸 일이 별로 없지만, 부동산은 세입자 관리, 건물 유지, 세금 납부 등 지속적인 관심이 필요합니다.

부동산 투자의 위험

'부동산은 안전하다'는 말은 반만 맞습니다. 부동산도 가격이 떨어질 수 있습니다. 일본의 1990년대, 미국의 2008년이 그랬습니다. 한국도 지역에 따라 부동산 가격이 크게 하락한 적이 있습니다.

공실 위험도 있습니다. 세입자를 구하지 못하면 임대 수익이 없는데, 대출 이자와 관리비는 계속 나갑니다. 특히 경기 침체기나 공급 과잉 지역에서는 공실이 길어질 수 있습니다.

정책 변화도 리스크입니다. 정부의 부동산 정책은 수시로 바뀝니다. 세금이 오르거나, 대출 규제가 강화되거나, 임대차 보호법이 변경되면 수익 구조가 달라질 수 있습니다.

부동산 투자를 고려할 때

입지가 가장 중요합니다. 부동산 가치의 대부분은 위치에서 나옵니다. 교통, 학군, 생활 인프라, 개발 호재 등을 꼼꼼히 살펴야 합니다. 건물은 낡아도 땅은 그대로입니다.

수익률을 계산해야 합니다. 매입 가격, 예상 임대료, 각종 비용을 따져 연간 수익률을 계산합니다. 주식이나 채권 수익률과 비교해서 합리적인지 판단합니다.

대출 상환 능력을 고려해야 합니다. 금리가 오르면 이자 부담이 커집니다. 임대 수익이 줄거나 공실이 생겨도 대출을 갚을 수 있는지 확인합니다.

- 부동산 투자는 임대 수익이나 시세 차익을 목적으로 하는 행위다.

- 내가 사는 집은 투자보다는 소비에 가깝다.

- 부동산은 진입 장벽이 높고 유동성이 낮지만, 레버리지 활용이 가능하다.

- 입지, 수익률, 대출 상환 능력을 종합적으로 고려해야 한다.

02
수익형 부동산
― 월세는 안정적인가

"매달 월세가 들어오니까 노후 걱정 없겠네요." 수익형 부동산을 가진 사람들이 자주 듣는 말입니다. 실제로 안정적인 현금흐름은 매력적입니다. 하지만 정말 월세는 '안정적'일까요? 수익형 부동산의 실체를 자세히 들여다봅시다.

수익형 부동산의 정의

수익형 부동산(Income-Producing Property)은 임대 수익을 목적으로 보유하는 부동산입니다. 오피스텔, 상가, 지식산업센터, 원룸, 다가구주택 등이 대표적입니다. 시세 차익보다는 매달 들어오는 임대료에 초점을 맞춥니다.

수익형 부동산의 핵심 지표는 '임대수익률'입니다. 연간 임대 수익을 투자금으로 나눈 비율입니다. 예를 들어 5억 원에 오피스텔을 사서 월 150만 원의 임대료를 받는다면, 연간 임대료는 1,800만 원이고 임대수익률은 3.6%입니다.

수익형 부동산의 종류

오피스텔은 가장 대중적인 수익형 부동산입니다. 소액으로 시작할 수 있고, 관리가 비교적 쉽습니다. 다만 공급이 많은 지역에서는 공실 위험이 있고, 수익률이 낮은 편입니다.

상가는 임대수익률이 높을 수 있습니다. 좋은 위치의 1층 상가는 안정적인 수익을 기대할 수 있습니다. 하지만 경기에 민감하고, 업종 제한이 있을 수 있으며, 세입자와의 분쟁 가능성도 있습니다.

지식산업센터(아파트형 공장)는 중소기업과 스타트업에 임대합니다. 수익률이 비교적 높지만, 입지에 따른 편차가 크고 경기 변동의 영향을 받습니다.

다가구·다세대 주택은 여러 세대에게 임대할 수 있어 공실 리스크를 분산할 수 있습니다. 관리에 손이 많이 가지만, 주거용이라 수요가 안정적입니다.

수익형 부동산의 장점

정기적인 현금흐름이 가장 큰 장점입니다. 매달 들어오는 임대료는 생활비나 대출 상환에 활용할 수 있습니다. 은퇴 후 연금처럼 사용하는 사람들도 많습니다.

실물 자산이라는 안정감도 있습니다. 주식은 휴지 조각이 될 수 있지만, 부동산은 실체가 있습니다. 완전히 가치가 사라지지는 않습니다.

인플레이션 방어 효과도 있습니다. 물가가 오르면 임대료도 올릴 수 있습니다. 현금을 들고 있는 것보다 구매력을 유지하기 쉽습니다.

수익형 부동산의 함정

'표면 수익률'과 '실질 수익률'의 차이를 알아야 합니다. 분양 광고에서 말하는 수익률은 보통 표면 수익률입니다. 연 임대료를 매입가로 나눈 것입니다. 하지만 실제로는 취득세, 중개수수료, 인테리어비, 공실 기간, 관리비, 수리비, 재산세 등 각종 비용이 나갑니다.

예를 들어 표면 수익률 5%의 오피스텔이 있다고 합시다. 취득세와 부대비용으로 5%가 들고, 연간 공실률 10%, 관리비와 수리비로 월세의 10%가 나간다면, 실질 수익률은 3% 초반까지 떨어질 수 있습니다. 대출 이자까지 빼면 더 낮아집니다.

공실 리스크도 간과하면 안 됩니다. 세입자가 나가고 다음 세입자를 구하기까지 보통 1~2개월이 걸립니다. 그 기간 동안 임대료 수입은 없지만 대출 이자와 관리비는 나갑니다. 입지가 나쁘면 몇 달씩 공실이 이어질 수도 있습니다.

세입자 관리의 어려움도 있습니다. 월세가 밀리거나, 시설물을 파손

하거나, 민원이 발생할 수 있습니다. 직접 관리하면 시간이 들고, 위탁 관리하면 비용이 나갑니다.

수익형 부동산 투자 시 체크리스트

실질 수익률을 계산합니다. 모든 비용을 반영한 뒤에도 매력적인 수익률인지 확인합니다. 최소한 은행 예금 금리보다는 높아야 의미가 있습니다.

해당 지역의 수요와 공급을 파악합니다. 주변에 비슷한 물건이 얼마나 있는지, 공급 예정인 신축은 없는지 확인합니다. 공급 과잉 지역은 피해야 합니다.

대출 없이도 감당할 수 있는지 생각합니다. 대출을 크게 끼고 투자하면 금리 인상이나 공실 시 버티기 어렵습니다. 보수적으로 접근해야 합니다.

직접 임장을 갑니다. 현장을 보지 않고 투자하는 것은 위험합니다. 주변 환경, 교통, 세입자 층, 건물 상태를 직접 확인해야 합니다.

핵심 정리

- 수익형 부동산은 임대 수익을 목적으로 하는 부동산이다.
- 표면 수익률과 실질 수익률은 다르다. 모든 비용을 반영해야 한다.

- 공실 리스크, 세입자 관리, 유지 비용은 숨겨진 부담이다.
- 수요·공급 분석과 현장 확인 없이 투자하면 안 된다.

03

REITs
— 부동산을 주식처럼 투자하는 방법

"부동산 투자하고 싶은데 돈이 없어요." 수억 원이 필요한 부동산 투자는 진입 장벽이 높습니다. 하지만 리츠(REITs)를 활용하면 몇만 원으로도 부동산에 투자할 수 있습니다. 대형 빌딩, 물류센터, 쇼핑몰의 일부를 소유하는 것이 가능해집니다.

REITs의 정의

REITs(Real Estate Investment Trusts, 리츠)는 다수의 투자자로부터 자금을 모아 부동산에 투자하고, 그 수익을 배당으로 나눠 주는 회사입니다. 쉽게 말해 '부동산 투자 회사의 주식을 사는 것'입니다.

예를 들어 리츠 회사가 1,000억 원을 모아 대형 오피스 빌딩을 삽니다. 그 빌딩에서 나오는 임대 수익을 투자자들에게 배당합니다. 투자

자는 빌딩 전체를 살 능력이 없어도 리츠 주식을 사는 것만으로 빌딩
의 일부를 간접 소유하는 효과를 얻습니다.

REITs의 장점

소액으로 시작할 수 있습니다. 상장 리츠는 주식처럼 거래됩니다.
몇만 원이면 살 수 있습니다. 수억 원이 필요한 실물 부동산과 비교하
면 진입 장벽이 크게 낮습니다.

유동성이 높습니다. 상장 리츠는 주식시장에서 거래되므로 원할 때
팔 수 있습니다. 실물 부동산을 파는 데 몇 달이 걸리는 것과 대조적입
니다.

분산투자가 됩니다. 하나의 리츠가 여러 건물에 투자하기도 합니다.
직접 투자하면 한 건물에 올인해야 하지만, 리츠는 여러 부동산에 분
산됩니다.

전문가가 관리합니다. 세입자 관리, 건물 유지, 임대 협상 등을 전문
운용사가 처리합니다. 투자자는 배당만 받으면 됩니다.

정기적인 배당을 받습니다. 리츠는 법적으로 이익의 90% 이상을 배
당해야 합니다. 정기적인 현금흐름을 원하는 투자자에게 적합합니다.

REITs의 종류

투자 대상에 따라 구분됩니다. 오피스 리츠는 사무실 빌딩에, 리테

일 리츠는 쇼핑몰과 상가에, 물류 리츠는 물류센터와 창고에, 주거용 리츠는 아파트와 임대주택에, 호텔 리츠는 호텔과 리조트에 투자합니다. 최근에는 데이터센터 리츠도 주목받고 있습니다.

상장 여부에 따라서도 나뉩니다. 상장 리츠는 주식시장에서 거래됩니다. 유동성이 높고 소액 투자가 가능합니다. 비상장 리츠는 유동성이 낮지만 시장 변동성의 영향을 덜 받습니다.

REITs 투자 시 주의점

주가 변동성이 있습니다. 실물 부동산 가격은 매일 바뀌지 않지만, 상장 리츠 주가는 매일 출렁입니다. 금리가 오르면 리츠 주가가 하락하는 경향이 있습니다. 부동산의 안정성을 기대했다면 당황할 수 있습니다.

금리 민감도가 높습니다. 리츠는 대출을 활용해 부동산을 매입합니다. 금리가 오르면 이자 비용이 늘고, 배당 여력이 줄어듭니다. 금리 상승기에는 리츠 성과가 부진할 수 있습니다.

배당이 보장되지는 않습니다. 공실이 늘거나 임대료가 하락하면 배당도 줄어듭니다. 과거 배당률이 미래를 보장하지 않습니다.

운용 능력에 좌우됩니다. 리츠의 성과는 운용사의 역량에 달려 있습니다. 좋은 물건을 사는지, 관리를 잘하는지, 비용을 효율적으로 쓰는지가 중요합니다.

REITs 투자 방법

국내 상장 리츠는 일반 주식처럼 증권 계좌로 거래합니다. 롯데리츠, 신한알파리츠, SK리츠 등이 있습니다. 해외 리츠도 해외 주식 거래를 통해 살 수 있습니다. 미국 시장에는 다양한 리츠가 상장되어 있습니다.

리츠 ETF를 활용하면 더 쉽게 분산할 수 있습니다. 여러 리츠에 한번에 투자하는 효과가 있습니다. 국내외 리츠 ETF 상품이 다양하게 있습니다.

핵심 정리

- REITs는 부동산에 투자하고 수익을 배당하는 회사다.
- 소액 투자, 높은 유동성, 전문가 관리가 장점이다.
- 주가 변동성과 금리 민감도는 주의해야 할 점이다.
- 리츠 ETF를 활용하면 여러 부동산에 쉽게 분산할 수 있다.

04

원자재
— 금·석유·곡물은 왜 움직일까

유가가 올랐다는 뉴스, 금값이 사상 최고라는 뉴스, 밀 가격 폭등으로 빵값이 오른다는 뉴스. 원자재 가격은 우리 생활에 직접적인 영향을 미칩니다. 그런데 투자 대상으로서 원자재는 어떨까요? 주식이나 부동산과는 전혀 다른 특성을 가진 원자재 투자의 세계를 살펴봅시다.

원자재의 정의

원자재(Commodities)는 가공되지 않은 원료 상태의 재화입니다. 크게 에너지, 금속, 농산물로 나뉩니다. 에너지에는 원유, 천연가스, 석탄 등이 있습니다. 금속에는 금, 은, 구리, 알루미늄 등이 있습니다. 농산물에는 밀, 옥수수, 대두, 커피, 설탕 등이 있습니다.

원자재는 전 세계적으로 표준화된 품질로 거래됩니다. 어디서 생산된 금이든 순도가 같으면 같은 가격에 거래됩니다. 이런 특성 때문에 거래소에서 활발히 매매됩니다.

원자재 가격을 움직이는 요인

수요와 공급이 가장 기본입니다. 공급이 줄거나 수요가 늘면 가격이 오릅니다. 산유국의 감산, 광산 사고, 가뭄으로 인한 흉작은 공급을 줄입니다. 경기 회복, 신흥국 성장, 산업 발전은 수요를 늘립니다.

지정학적 요인도 중요합니다. 원유는 중동의 정세에 민감합니다. 분쟁, 제재, 정치적 불안은 공급 차질 우려로 이어집니다. 러시아-우크라이나 전쟁은 에너지와 곡물 가격을 급등시켰습니다.

달러 가치와의 관계도 있습니다. 대부분의 원자재는 달러로 거래됩니다. 달러가 약해지면 다른 통화를 쓰는 나라에서 원자재가 상대적으로 싸지므로 수요가 늘고 가격이 오릅니다. 반대로 달러가 강해지면 가격이 내리는 경향이 있습니다.

계절적 요인도 영향을 미칩니다. 농산물은 파종기와 수확기에 따라 가격이 움직입니다. 에너지는 겨울 난방 수요, 여름 냉방 수요에 영향 받습니다. 천연가스는 혹한에 급등하기도 합니다.

원자재 투자의 특성

주식, 채권과 낮은 상관관계가 가장 큰 특징입니다. 주식시장이 폭락할 때 원자재가 오르거나 버티는 경우가 많습니다. 포트폴리오에 원자재를 넣으면 분산 효과를 얻을 수 있습니다.

인플레이션 헤지 역할을 합니다. 물가가 오르는 원인 중 하나가 원자재 가격 상승입니다. 원자재에 투자하면 인플레이션에 따른 구매력 하락을 방어할 수 있습니다.

그러나 수익을 직접 창출하지 않습니다. 주식은 배당을, 채권은 이자를, 부동산은 임대료를 줍니다. 원자재는 그 자체로는 아무것도 벌어 주지 않습니다. 오직 가격 상승만이 수익의 원천입니다.

변동성이 매우 높습니다. 원유는 하루에 몇 퍼센트씩 움직이기도 합니다. 2020년에는 원유 선물 가격이 마이너스가 되는 초유의 사태도 있었습니다.

원자재 투자 방법

실물을 직접 사는 방법이 있습니다. 금, 은은 실물을 살 수 있습니다. 하지만 보관 비용이 들고, 거래가 번거롭습니다. 원유나 곡물을 직접 보관하는 것은 현실적으로 불가능합니다.

선물 거래는 전문 투자자의 영역입니다. 높은 레버리지와 만기 관리 때문에 일반 투자자에게는 위험합니다.

원자재 ETF가 가장 접근하기 쉽습니다. 금 ETF, 원유 ETF, 농산물 ETF 등 다양한 상품이 있습니다. 주식처럼 거래할 수 있어 편리합니다. 다만 선물 기반 ETF는 롤오버 비용이 발생해 실제 원자재 가격과 괴리가 생길 수 있습니다.

원자재 관련 주식도 대안입니다. 석유회사, 광산회사, 농업회사 주식을 사는 것입니다. 원자재 가격 상승의 혜택을 간접적으로 누릴 수 있습니다.

핵심 정리

- 원자재는 에너지, 금속, 농산물 등 가공 전의 원료 상태 재화다.
- 수요·공급, 지정학, 달러 가치, 계절이 가격을 움직인다.
- 주식·채권과 상관관계가 낮아 분산 효과가 있다.
- 원자재 ETF가 일반 투자자에게 가장 접근하기 쉬운 방법이다.

05

금(Gold)
— 위기의 자산, 그러나 만능은 아니다

"금은 위기 때 빛난다." 전쟁이 나고, 경제가 흔들리고, 화폐 가치가 떨어질 때 사람들은 금을 찾습니다. 수천 년간 가치 저장 수단으로 사용된 금은 여전히 특별한 위치를 차지하고 있습니다. 하지만 금이 정말 좋은 투자 대상일까요? 금 투자의 빛과 그림자를 살펴봅시다.

금의 특성

금은 다른 자산과 구별되는 독특한 특성이 있습니다. 희소합니다. 지구상의 금은 유한하고, 새로 채굴되는 양도 제한적입니다. 변하지 않습니다. 부식되거나 변질되지 않아 수천 년이 지나도 그대로입니다. 전 세계에서 통용됩니다. 어느 나라에서든 금은 가치를 인정받습니다.

역사적으로 금은 화폐의 역할을 했습니다. 금본위제가 폐지된 지금도 각국 중앙은행은 금을 보유합니다. 금은 단순한 원자재를 넘어 '궁극의 화폐'로 여겨집니다.

금의 역할

안전자산으로서의 역할이 가장 널리 알려져 있습니다. 주식시장이 폭락하거나, 전쟁이 발발하거나, 경제 위기가 오면 금 가격이 오르는 경향이 있습니다. 불안할 때 사람들이 금으로 피난하기 때문입니다.

인플레이션 헤지 역할도 합니다. 화폐 가치가 떨어지면 금 가격은 오릅니다. 중앙은행이 돈을 많이 찍어 내면 금의 상대적 가치가 높아집니다. 장기적으로 금은 구매력을 유지해 왔습니다.

달러 약세 헤지도 됩니다. 금은 국제시장에서 달러로 거래되기 때문에 달러가 약해지면 금 가격이 오르는 경향이 있습니다. 달러 자산에 대한 보완재 역할을 합니다.

포트폴리오 분산 효과도 있습니다. 금은 주식, 채권과 상관관계가 낮습니다. 포트폴리오에 금을 일부 담으면 전체 변동성을 줄일 수 있습니다.

금의 한계

금은 수익을 창출하지 않습니다. 주식은 배당을, 채권은 이자를, 부동산은 임대료를 줍니다. 금은 금고에 넣어 두면 그대로입니다. 오직 가격이 올라야만 수익이 납니다.

장기 수익률은 주식에 미치지 못합니다. 물가상승률을 조금 웃도는 정도입니다. 부를 키우기 위한 수단보다는 부를 지키기 위한 수단에 가깝습니다.

항상 오르는 것은 아닙니다. 금도 하락 기간이 있습니다. 1980년대에 정점을 찍은 금은 20년 넘게 하락과 횡보를 거듭했습니다. 금리가 높고 경기가 좋을 때는 금의 매력이 떨어집니다.

실물 보관 시 비용과 위험이 있습니다. 금괴나 금화를 집에 두면 도난 위험이 있습니다. 은행 금고를 이용하면 보관료가 나갑니다.

금 투자 방법

실물 금이 가장 직접적입니다. 금괴(골드바), 금화를 살 수 있습니다. 실물을 손에 쥐는 만족감이 있지만, 보관 문제와 거래 비용이 있습니다. 한국에서는 KRX 금시장을 통해 1g 단위로 거래할 수 있습니다.

금 ETF는 편리합니다. 실물 금을 보유하는 ETF에 투자하면 금 가격을 따라갑니다. 보관 걱정 없이 주식처럼 거래할 수 있습니다. 국내외에 다양한 금 ETF가 있습니다.

금 통장(골드뱅킹)도 있습니다. 은행에서 금을 g 단위로 적립합니다. 소액으로 시작할 수 있고 편리합니다. 다만 매매 수수료와 환율 차이가 있어 비용을 따져 봐야 합니다.

금광 회사 주식도 대안입니다. 금 가격이 오르면 금광 회사의 수익이 늘고 주가도 오릅니다. 다만 회사 고유의 리스크가 있어 금 가격과 정확히 연동되지는 않습니다.

적정 비중은 얼마인가

전문가들은 보통 포트폴리오의 5~10%를 금에 배분하라고 합니다. 너무 많으면 장기 수익률이 낮아지고, 너무 적으면 분산 효과가 없습니다. 위기 대비와 분산을 위한 '보험' 성격으로 보유하는 것이 적절합니다.

금에 전 재산을 투자하는 것은 바람직하지 않습니다. 금은 부를 키우는 자산이 아니라 지키는 자산입니다. 주식 등 성장 자산과 함께 보완적으로 보유해야 합니다.

핵심 정리

- 금은 안전자산, 인플레이션 헤지, 분산투자 수단으로 활용된다.
- 금은 수익을 창출하지 않으며, 장기 수익률은 주식에 미치지 못한다.
- 금 ETF, 금 통장, KRX 금시장 등 다양한 투자 방법이 있다.
- 포트폴리오의 5~10%를 보험 성격으로 보유하는 것이 적절하다.

06

대체투자
— 주식·채권 말고 다른 선택지

투자라고 하면 보통 주식, 채권, 예금을 떠올립니다. 하지만 기관 투자자들은 전혀 다른 영역에도 큰돈을 투자합니다. 사모펀드, 헤지펀드, 부동산, 인프라, 미술품, 와인까지. 이러한 영역을 '대체투자'라고 부릅니다. 전통적인 투자를 넘어선 새로운 세계를 살펴봅시다.

대체투자의 정의

대체투자(Alternative Investment)는 주식, 채권, 현금 등 전통적인 자산 이외의 모든 투자를 말합니다. 부동산, 원자재, 사모펀드, 헤지펀드, 인프라, 실물자산 등이 포함됩니다.

'대체'라는 말은 전통 자산을 '대신한다'는 의미입니다. 주식과 채권만으로 구성된 포트폴리오에 다른 성격의 자산을 추가하여 분산 효과를 얻는 것이 목적입니다.

대체투자의 종류

부동산은 가장 대표적인 대체투자입니다. 오피스, 물류센터, 쇼핑몰, 호텔 등에 투자합니다. 임대 수익과 시세 차익을 노립니다.

인프라 투자는 도로, 항만, 공항, 발전소, 통신탑 등 사회기반시설에 투자합니다. 정부 계약이나 규제로 수익이 안정적인 경우가 많습니다.

사모펀드는 비상장 기업에 투자하여 가치를 높인 뒤 매각합니다. 벤처캐피털, 바이아웃 펀드 등이 있습니다.

헤지펀드는 다양한 전략으로 절대수익을 추구합니다. 공매도, 레버리지, 파생상품 등을 활용합니다.

실물자산에는 미술품, 와인, 골동품 등이 있습니다. 희소성과 수집 가치에 기반한 투자입니다.

대체투자의 장점

분산 효과가 가장 큰 장점입니다. 대체투자 자산은 주식, 채권과 다르게 움직이는 경향이 있습니다. 주식시장이 폭락해도 인프라의 수익은 안정적일 수 있습니다. 포트폴리오 전체의 변동성을 줄여 줍니다.

인플레이션 방어도 가능합니다. 부동산, 인프라, 원자재는 물가와 함께 오르는 경향이 있습니다. 채권이 인플레이션에 취약한 것과 대조적입니다.

유동성 프리미엄도 기대할 수 있습니다. 대체투자는 쉽게 사고팔 수 없습니다. 이 불편함의 대가로 더 높은 수익을 기대할 수 있습니다.

대체투자의 단점

접근성이 낮습니다. 대부분의 대체투자는 최소 투자금이 높습니다. 사모펀드나 헤지펀드는 수억 원 이상이 필요한 경우가 많습니다. 일반 투자자는 참여하기 어렵습니다.

유동성이 낮습니다. 원할 때 팔기 어렵습니다. 사모펀드는 보통 7~10년의 투자 기간이 있습니다. 급하게 현금이 필요해도 빼기 어렵습니다.

투명성이 떨어집니다. 상장 주식처럼 매일 가격이 공개되지 않습니다. 운용 내역도 자세히 알기 어렵습니다. 정보 비대칭이 있습니다.

수수료가 높습니다. 사모펀드나 헤지펀드의 수수료는 일반 펀드보다 훨씬 높습니다. 운용 보수와 성과 보수가 함께 붙습니다.

일반 투자자의 대체투자 접근법

리츠(REITs)를 통해 부동산에 접근할 수 있습니다. 원자재 ETF로 원자재에 투자할 수 있습니다. 인프라 펀드나 인프라 ETF도 있습니다. 이런 상품들은 소액으로 대체투자 효과를 얻게 해 줍니다.

최근에는 크라우드 펀딩을 통해 부동산, 미술품 등에 소액 투자하는 플랫폼도 등장했습니다. 다만 규제와 안전장치가 미비한 경우도 있으니 주의가 필요합니다.

대체투자에 관심이 있다면 먼저 전통 자산으로 기초를 쌓은 뒤, 일부 자금으로 경험을 쌓아 가는 것이 현명합니다.

핵심 정리

- 대체투자는 주식·채권 외의 부동산, 인프라, 사모펀드 등에 투자하는 것이다.
- 분산 효과와 인플레이션 방어가 장점이다.
- 높은 진입 장벽, 낮은 유동성, 높은 수수료가 단점이다.
- 리츠, ETF 등을 통해 일반 투자자도 간접적으로 접근할 수 있다.

07

사모펀드
— 고수들만의 시장

"사모펀드가 그 기업을 인수했대." 경제 뉴스에서 자주 접하는 말입니다. 사모펀드는 수조 원을 움직이며 기업을 사고팔고, 구조조정하고, 가치를 높입니다. 그런데 사모펀드가 정확히 무엇이고, 일반인도 투자할 수 있을까요?

사모펀드의 정의

사모펀드(Private Equity Fund, PE펀드)는 소수의 투자자로부터 비공개로 자금을 모아 비상장 기업에 투자하는 펀드입니다. '사모(私募)'는 공개 모집(공모)의 반대말로, 제한된 투자자만 참여한다는 뜻입니다.

사모펀드는 투자한 기업의 가치를 높인 뒤 매각하여 차익을 얻습니다. 단순히 주식을 사서 기다리는 것이 아니라, 적극적으로 경영에 개입하여 기업을 변화시킵니다.

사모펀드의 종류

바이아웃(Buyout) 펀드가 가장 대표적입니다. 기업의 경영권을 인수하여 구조조정, 비용 절감, 사업 재편 등을 통해 가치를 높입니다. 이후 다른 기업에 매각하거나 상장시켜 차익을 실현합니다.

벤처캐피털(VC)은 초기 단계의 스타트업에 투자합니다. 높은 위험을 감수하지만, 성공하면 수십 배 이상의 수익을 얻을 수 있습니다. 실리콘밸리의 기술 기업들이 대표적인 VC 투자 대상입니다.

그로스 캐피털(Growth Capital)은 성장 단계의 기업에 투자합니다. 경영권은 넘기지 않고 지분 일부를 취득하여 성장을 지원합니다.

메자닌(Mezzanine) 펀드는 채권과 주식의 중간 성격을 가진 증권에 투자합니다. 전환사채, 신주인수권부사채 등이 대상입니다.

사모펀드의 운용 방식

투자 기간이 깁니다. 보통 7~10년의 펀드 기간 동안 투자, 가치 제고, 매각이 이루어집니다. 중도에 자금을 빼기 어렵습니다.

레버리지를 활용합니다. 차입금을 활용해 인수 자금을 마련합니다. 이를 통해 자기자본 수익률을 높이지만, 위험도 함께 커집니다.

경영에 적극 개입합니다. 이사회에 참여하고, 경영진을 교체하고, 전략을 바꿉니다. 수동적 투자가 아니라 능동적으로 가치를 창출합니다.

사모펀드의 수수료 구조

사모펀드의 수수료는 '2 and 20'으로 알려져 있습니다. 통상 운용 보수가 연 2%, 성과 보수가 초과수익의 20%인 경우가 전형적입니다. 일반 펀드보다 훨씬 높습니다.

성과 보수는 보통 '허들 레이트'를 넘어야 받습니다. 예를 들어 8% 이상의 수익이 나야 성과 보수를 받는 식입니다. 이는 운용사가 열심히 일하도록 유인하지만, 투자자 입장에서는 비용 부담이 큽니다.

일반 투자자의 접근

전통적으로 사모펀드는 부유층과 기관 투자자의 영역이었습니다. 최소 투자금이 수억 원에서 수십억 원이었기 때문입니다.

최근에는 일반 투자자도 접근할 수 있는 통로가 열리고 있지만, 여전히 전통적 펀드보다는 접근성이 제한적입니다.

사모펀드에 직접 투자하기보다는 사모펀드 관련 상장 주식(예: 블랙스톤, KKR 등)을 통해 간접적으로 참여하는 방법도 있습니다.

사모펀드 투자의 주의점

유동성이 낮습니다. 펀드 기간 동안 자금이 묶입니다. 급하게 돈이 필요해도 빼기 어렵습니다.

정보가 제한적입니다. 비상장 기업에 투자하므로 정보가 적습니다. 펀드 운용사를 믿어야 합니다.

원금 손실 위험이 있습니다. 투자한 기업이 망하면 원금을 잃습니다. 높은 수익의 이면에는 높은 위험이 있습니다.

핵심 정리

- 사모펀드는 비상장 기업에 투자하여 가치를 높이고 매각하는 펀드다.
- 바이아웃, 벤처캐피털, 그로스 캐피털 등 다양한 유형이 있다.
- 긴 투자 기간, 높은 수수료, 제한된 유동성이 특징이다.
- 일반 투자자는 사모펀드 관련 상장 주식으로 간접 참여할 수 있다.

08

헤지펀드
— 절대수익을 추구한다

"헤지펀드가 주가를 조종한다.", "헤지펀드 매니저가 억만장자가 됐다." 헤지펀드는 신비로우면서도 때로는 악역으로 등장합니다. 하지만 정작 헤지펀드가 무엇인지 아는 사람은 많지 않습니다. 헤지펀드의 실체를 알아봅시다.

헤지펀드의 정의

헤지펀드(Hedge Fund)는 다양한 투자 전략을 사용하여 시장 상황에 관계없이 절대수익을 추구하는 펀드입니다. '헤지(hedge)'는 '위험을 회피하다'라는 뜻입니다. 원래는 위험을 줄이기 위한 펀드였습니다.

일반 펀드는 시장이 오르면 오르고, 떨어지면 떨어집니다. 헤지펀드는 시장이 오르든 내리든 수익을 내는 것을 목표로 합니다. 이를 '절대

수익 추구'라고 합니다.

헤지펀드의 전략

롱숏(Long/Short) 전략은 가장 기본적입니다. 오를 것 같은 주식은 사고(롱), 내릴 것 같은 주식은 공매도합니다(숏). 시장 방향에 관계없이 상대적 성과 차이에서 수익을 냅니다.

마켓 뉴트럴(Market Neutral) 전략은 롱과 숏을 균형 있게 유지하여 시장 전체의 움직임과 무관하게 수익을 추구합니다.

이벤트 드리븐(Event Driven) 전략은 기업 인수합병, 구조조정, 파산 등 특정 이벤트에서 기회를 찾습니다.

글로벌 매크로(Global Macro) 전략은 국가 경제, 금리, 환율 등 거시 경제 변수에 베팅합니다. 조지 소로스가 유명한 글로벌 매크로 투자자입니다.

퀀트(Quantitative) 전략은 수학적 모델과 알고리즘으로 투자합니다. 빅데이터와 인공지능이 활용됩니다.

헤지펀드의 특징

규제가 적습니다. 일반 펀드보다 투자 제한이 적어 다양한 전략을 구사할 수 있습니다. 공매도, 레버리지, 파생상품 등을 자유롭게 활용합니다.

성과 보수가 있습니다. 운용 보수 외에 수익의 일정 비율을 성과 보수로 가져갑니다. 펀드 매니저가 열심히 일할 유인이 됩니다.

투명성이 낮습니다. 전략을 공개하면 모방당할 수 있어 비밀주의적입니다. 투자자도 상세한 내용을 알기 어렵습니다.

진입 장벽이 높습니다. 최소 투자금이 수억 원에서 수십억 원입니다. 부유층과 기관 투자자가 주 고객입니다.

헤지펀드의 성과

'헤지펀드는 돈을 잘 번다'는 인식이 있지만, 실제로는 그렇지 않은 경우도 많습니다. 평균적으로 보면 수수료를 차감한 후 시장 평균을 이기지 못하는 헤지펀드도 많습니다.

다만 시장이 폭락할 때 손실을 줄이거나 오히려 수익을 내는 헤지펀드도 있습니다. 분산 투자 관점에서 의미가 있습니다. 문제는 그런 펀드를 미리 골라내기 어렵다는 것입니다.

일반 투자자의 접근

전통적인 헤지펀드는 일반인이 접근하기 어렵습니다. 하지만 헤지펀드 전략을 모방한 ETF나 뮤추얼 펀드가 있습니다. 롱숏 전략 ETF, 마켓 뉴트럴 펀드 등을 통해 유사한 효과를 얻을 수 있습니다.

다만 이런 상품들도 복잡하고 수수료가 높은 경우가 많습니다. 일반 투자자에게 꼭 필요한 것은 아닙니다. 주식과 채권의 기본적인 분산투자만으로도 충분한 경우가 많습니다.

핵심 정리

- 헤지펀드는 다양한 전략으로 시장과 무관한 절대수익을 추구한다.
- 롱숏, 마켓 뉴트럴, 글로벌 매크로 등 다양한 전략이 있다.
- 높은 수수료, 낮은 투명성, 높은 진입 장벽이 특징이다.
- 일반 투자자는 헤지펀드 전략 ETF로 간접 참여할 수 있다.

09

가상자산
― 자산인가, 기술인가, 투기인가

비트코인으로 억만장자가 됐다는 이야기, 암호화폐 거래소가 파산했다는 뉴스, 정부가 규제를 강화한다는 소식. 가상자산은 찬반 논쟁이 뜨거운 영역입니다. 혁명적 기술인가, 거대한 거품인가? 냉정하게 가상자산의 본질을 살펴봅시다.

가상자산의 정의

가상자산(Virtual Asset, 또는 암호화폐 Cryptocurrency)은 블록체인 기술을 기반으로 하는 디지털 자산입니다. 중앙 기관 없이 분산된 네트워크에서 거래가 기록되고 검증됩니다. 비트코인이 2009년에 처음 등장한 이후 수천 종류의 가상자산이 만들어졌습니다.

비트코인은 '디지털 금'을 지향합니다. 총 발행량이 2,100만 개로 제한되어 있어 희소성이 있습니다. 이더리움은 스마트 계약 플랫폼으로, 다양한 탈중앙화 애플리케이션의 기반이 됩니다. 그 외에도 다양한 목적의 가상자산들이 있습니다.

가상자산 지지자들의 주장

탈중앙화가 핵심 가치입니다. 정부나 은행의 통제 없이 개인 간 직접 거래가 가능합니다. 금융 시스템에서 소외된 사람들도 접근할 수 있습니다.

인플레이션에 대한 방어막이 될 수 있습니다. 비트코인처럼 발행량이 제한된 자산은 화폐 남발에 따른 가치 하락을 피할 수 있습니다.

새로운 금융 생태계의 기반이 됩니다. 탈중앙화 금융(DeFi), 대체불가토큰(NFT) 등 새로운 서비스가 가능해집니다.

가상자산 비판자들의 주장

내재 가치가 없습니다. 주식은 기업의 이익에서, 채권은 이자에서, 부동산은 임대료에서 가치가 나옵니다. 가상자산은 그 자체로는 아무것도 생산하지 않습니다.

변동성이 극심합니다. 하루에 10%, 20%씩 움직이는 것은 흔한 일입니다. 투자보다는 도박에 가깝다는 비판이 있습니다.

규제 리스크가 있습니다. 각국 정부의 규제가 언제든 강화될 수 있습니다. 거래 금지, 과세 강화, 거래소 규제 등이 가격에 큰 영향을 미칩니다.

사기와 해킹 위험이 있습니다. 거래소 해킹, 스캠 코인, 러그풀(개발자 잠적) 등 피해 사례가 많습니다.

투자 관점에서의 고려 사항

가상자산을 투자 대상으로 본다면 몇 가지를 인정해야 합니다.

첫째, 극단적인 변동성을 감당할 준비가 되어야 합니다. 50% 이상 하락이 여러 번 있었고, 앞으로도 있을 수 있습니다.

둘째, 전통적인 가치평가가 불가능합니다. 주식처럼 PER, PBR을 계산할 수 없습니다. 적정 가격이 얼마인지 아무도 모릅니다.

셋째, 잃어도 되는 돈만 투자해야 합니다. 전 재산을 가상자산에 넣는 것은 극도로 위험합니다. 포트폴리오의 아주 일부만 할애하는 것이 현명합니다.

넷째, 보안에 각별히 주의해야 합니다. 신뢰할 수 있는 거래소를 이용하고, 가능하면 개인 지갑에 보관합니다.

투기인가, 투자인가

앞서 투자와 투기를 구분하는 기준을 살펴봤습니다. 분석에 기반하는가, 현실적인 수익을 기대하는가, 시간을 아군으로 삼는가. 이 기준으로 보면 대부분의 가상자산 거래는 투기에 가깝습니다.

그렇다고 가상자산에 손대면 안 된다는 말은 아닙니다. 투기임을 인정하고, 잃어도 되는 돈으로, 철저한 위험 관리 하에 접근하면 됩니다. 문제는 투기를 투자라고 착각하고 과도한 돈을 넣는 것입니다.

핵심 정리

- 가상자산은 블록체인 기반의 디지털 자산으로, 탈중앙화가 특징이다.
- 극단적인 변동성, 규제 리스크, 보안 위험이 있다.
- 전통적 가치평가가 불가능하며, 대부분의 거래는 투기에 가깝다.
- 투자한다면 잃어도 되는 돈으로, 포트폴리오의 일부만 할애해야 한다.

10

NFT
— 소유권을 사고판다는 것의 의미

"디지털 그림이 800억 원에 팔렸다." 2021년, 비플(Beeple)의 NFT 작품이 경매에서 6,930만 달러에 낙찰되면서 세상이 술렁였습니다. 그냥 인터넷에서 볼 수 있는 그림인데 왜 그렇게 비싼 걸까요? NFT란 무엇이고, 정말 가치가 있는 걸까요?

NFT의 정의

NFT(Non-Fungible Token, 대체불가토큰)는 블록체인에 기록된 고유한 디지털 소유권 증명서입니다. '대체불가'란 각각이 고유하여 서로 바꿀 수 없다는 뜻입니다. 1만 원짜리 지폐는 다른 1만 원짜리와 같은 가치이지만(대체가능), NFT는 각각이 유일합니다.

NFT는 디지털 파일 자체가 아닙니다. 그 파일에 대한 '소유권 기록'

입니다. 디지털 그림, 음악, 영상, 게임 아이템 등 어떤 디지털 콘텐츠든 NFT로 만들 수 있습니다.

NFT는 왜 생겼는가

디지털 콘텐츠는 복제가 쉽습니다. 그림 파일은 무한히 복사할 수 있습니다. 누가 '원본'을 가지고 있는지 알 수 없었습니다. NFT는 이 문제를 해결합니다. 블록체인에 '이 파일의 소유자는 누구'라고 기록함으로써 디지털 세계에 희소성을 만듭니다.

실물 미술품을 생각해 봅시다. 모나리자 복제품은 많지만 루브르에 있는 원본은 하나입니다. NFT는 디지털 콘텐츠에 이런 '원본성'을 부여합니다.

NFT의 활용 분야

디지털 아트가 가장 유명합니다. 디지털 작가들이 NFT로 작품을 판매합니다. 구매자는 해당 작품의 '정품 소유자'임을 증명할 수 있습니다.

게임 아이템도 NFT화되고 있습니다. 게임 내 아이템, 캐릭터, 땅을 NFT로 소유할 수 있습니다. 게임이 종료되어도 아이템의 소유권은 남습니다.

음악, 영상 콘텐츠도 NFT로 판매됩니다. 아티스트가 직접 팬에게 작품을 판매하고, 이후 거래에서도 로열티를 받을 수 있습니다.

멤버십, 입장권 용도로도 쓰입니다. 특정 NFT 보유자에게만 특별한
혜택을 제공하는 커뮤니티가 있습니다.

NFT에 대한 비판

"누구나 볼 수 있는데 왜 비싸?"라는 질문이 가장 흔합니다. NFT를
산다고 저작권이 생기는 것은 아닙니다. 다른 사람도 그 이미지를 볼
수 있고, 저장할 수 있습니다. 구매자가 가진 것은 '원본 소유자'라는
기록뿐입니다.

가격 거품 논란도 있습니다. 2021년 NFT 광풍 때 수천만 원, 수억 원
에 거래되던 NFT들이 90% 이상 가격이 폭락한 경우가 많습니다. 투기
적 수요가 빠지면 가치가 급락합니다.

환경 문제도 제기됩니다. NFT 거래는 많은 에너지를 소비합니다.
이더리움이 지분증명(PoS)으로 전환하면서 많이 완화되었지만, 여전
히 논란이 없지 않습니다.

사기와 저작권 침해도 문제입니다. 남의 작품을 무단으로 NFT화해
서 판매하는 사례가 있습니다. 법적 보호 장치가 아직 충분하지 못합
니다.

NFT 투자에 대한 시각

NFT는 기술 자체로는 의미가 있습니다. 디지털 소유권을 증명하는

방법은 다양한 분야에서 활용될 수 있습니다. 하지만 현재 거래되는 대부분의 NFT에 투자 가치가 있는지는 별개의 문제입니다.

실물 미술품 시장도 극히 일부만 가치가 오릅니다. 대부분의 그림은 산 가격보다 낮게 팔립니다. NFT도 마찬가지입니다. 오히려 유명 작가가 아닌 NFT가 가치를 유지할 확률은 더 낮습니다.

NFT에 관심이 있다면 투자보다는 '소장' 관점으로 접근하는 것이 나을 수 있습니다. 내가 좋아하는 작가의 작품, 의미 있는 커뮤니티 멤버십 등 실제 효용에 초점을 맞추는 것입니다. 시세 차익을 노리고 NFT를 사는 것은 매우 위험한 투기입니다.

핵심 정리

- NFT는 블록체인에 기록된 고유한 디지털 소유권 증명서다.
- 디지털 아트, 게임, 음악, 멤버십 등 다양한 분야에서 활용된다.
- 대부분의 NFT는 거품 붕괴 후 가치가 급락했다.
- 투자보다는 소장 목적으로 접근하는 것이 현명하다.

Chapter 5

투자에서 반드시 마주치는 위험과 함정

— 수익보다 먼저 이해해야 할 손실의 구조

INVESTMENT

01

변동성
— 가격이 흔들리는 진짜 이유

"오늘 주가가 5% 올랐어!" 좋은 소식입니다. 그런데 다음 날 6% 떨어지면 어떨까요? 한 달 동안 10% 오르고 15% 떨어지고 다시 8% 오르는 주식이 있다면, 이 주식을 들고 있는 기분은 어떨까요? 이렇게 가격이 출렁거리는 정도를 변동성이라고 합니다. 변동성은 투자에서 가장 먼저 마주치는 현실이며, 이를 이해하지 못하면 투자를 지속하기 어렵습니다.

변동성의 정의

변동성(Volatility)은 자산 가격이 얼마나 크게, 얼마나 자주 변하는지를 나타내는 척도입니다. 통계학적으로는 수익률의 표준편차로 측정합니다. 쉽게 말해, 가격이 평균에서 얼마나 벗어나는지를 숫자로 표현한 것입니다.

변동성이 높다는 것은 가격이 크게 흔들린다는 의미입니다. 어떤 주식이 하루에 1~2% 움직이면 변동성이 낮은 편이고, 5~10% 움직이면 변동성이 높은 편입니다. 코인이나 신생 기업의 주식은 변동성이 매우 높고, 대형 우량주나 채권은 상대적으로 변동성이 낮습니다.

변동성이 발생하는 이유

가격은 수요와 공급에 의해 결정됩니다. 사려는 사람이 많으면 오르고, 팔려는 사람이 많으면 내립니다. 문제는 사람들의 마음이 계속 바뀐다는 것입니다. 새로운 뉴스가 나오면 생각이 바뀌고, 다른 사람들의 행동을 보면 또 바뀝니다.

정보의 불완전성도 원인입니다. 기업의 진짜 가치가 얼마인지 아무도 정확히 모릅니다. 같은 기업을 보고 누군가는 저평가됐다고 생각하고, 누군가는 고평가됐다고 생각합니다. 이런 의견 차이가 매매로 이어지고, 가격을 움직입니다.

외부 충격도 변동성을 키웁니다. 금리 인상, 전쟁, 전염병, 정치적 사건 등 예측하지 못한 일들이 시장을 흔듭니다. 이런 충격이 있을 때마다 사람들은 급하게 사거나 팔고, 가격이 크게 움직입니다.

변동성과 리스크의 관계

변동성은 리스크와 밀접한 관련이 있지만, 같은 개념은 아닙니다.

변동성은 가격의 움직임 자체를 의미하고, 리스크는 손실 가능성을 의미합니다. 다만 변동성이 높으면 단기적으로 큰 손실을 볼 가능성도 높아지므로, 둘은 함께 언급되는 경우가 많습니다.

흥미로운 점은 변동성이 위아래로 똑같이 작용한다는 것입니다. 변동성이 높으면 크게 떨어질 수도 있지만, 크게 오를 수도 있습니다. 장기 투자자에게 변동성은 반드시 나쁜 것만은 아닙니다. 좋은 자산을 싸게 살 기회가 되기도 합니다.

변동성에 대처하는 방법

가장 중요한 것은 변동성을 예상하고 받아들이는 것입니다. 주식에 투자한다면 연 20~30%의 하락은 언제든 일어날 수 있다고 생각해야 합니다. 이것을 미리 각오하면 실제로 일어났을 때 당황하지 않습니다.

투자 기간을 길게 가져가는 것도 방법입니다. 단기적으로는 변동성이 크더라도, 장기적으로는 평균 회귀하는 경향이 있습니다. 1년 단위로 보면 손실 확률이 높지만, 10년, 20년 단위로 보면 손실 확률이 크게 줄어듭니다.

분산투자로 변동성을 줄일 수 있습니다. 서로 다르게 움직이는 자산을 함께 보유하면 전체 포트폴리오의 변동성이 낮아집니다. 주식과 채권, 국내와 해외를 섞는 것이 대표적입니다.

감당할 수 있는 만큼만 투자하는 것이 기본입니다. 변동성을 견디지 못하고 바닥에서 팔게 되면 일시적 손실이 영구적 손실이 됩니다. 잠을 설칠 정도라면 투자 금액을 줄여야 합니다.

변동성을 기회로 삼는 관점

워런 버핏은 "다른 사람들이 두려워할 때 탐욕스러워라."라고 말했습니다. 변동성이 높아져 가격이 급락하면 좋은 자산을 싸게 살 기회입니다. 물론 이것은 충분한 현금과 흔들리지 않는 마음이 있을 때만 가능합니다.

적립식 투자는 변동성을 자연스럽게 활용하는 방법입니다. 매달 일정 금액을 투자하면 가격이 높을 때는 적게 사고, 낮을 때는 많이 사게 됩니다. 평균 매입 단가가 낮아지는 효과가 있습니다.

핵심 정리

- 변동성은 자산 가격이 얼마나 크게 흔들리는지를 나타내는 척도다.
- 변동성은 정보의 불완전성, 심리 변화, 외부 충격 등으로 발생한다.
- 장기 투자, 분산투자, 적정 투자 금액 유지가 변동성 대처의 핵심이다.
- 변동성은 위험이기도 하지만, 좋은 자산을 싸게 살 기회이기도 하다.

02

손실회피 편향
— 왜 우리는 손절을 못할까

"조금만 더 기다리면 오를 거야." 손실이 난 주식을 팔지 못하고 붙들고 있던 경험, 한 번쯤 있으실 겁니다. 반면 조금 오른 주식은 "얼른 팔아서 수익 확정해야지." 하고 빨리 팔아 버립니다. 왜 우리는 손실은 견디고 이익은 서둘러 실현할까요? 이것이 바로 손실회피 편향이며, 투자에서 가장 흔하고 치명적인 심리적 함정입니다.

손실회피 편향의 정의

손실회피 편향(Loss Aversion)은 같은 크기의 이익보다 손실을 더 크게 느끼는 심리적 경향입니다. 행동경제학의 선구자 대니얼 카너먼에 따르면, 손실의 고통은 이익의 기쁨보다 약 2배 강합니다. 10만 원을 잃었을 때의 괴로움이 10만 원을 벌었을 때의 기쁨보다 2배 크다는 것입니다.

이 편향은 인류가 생존하는 데 도움이 됐습니다. 원시 시대에 음식을 잃는 것은 곧 죽음을 의미했으므로, 손실에 민감한 개체가 살아남았습니다. 하지만 현대 투자에서 이 본능은 오히려 해가 됩니다.

손실회피가 투자에 미치는 영향

손절을 못 하게 만드는 것이 가장 큰 문제입니다. 주식이 50% 하락했을 때 팔면 손실이 '확정'됩니다. 이 확정을 피하고 싶어서 계속 보유합니다. "팔지 않으면 손해가 아니야."라고 스스로를 위로합니다. 하지만 이미 손실은 발생한 것이고, 기다린다고 회복된다는 보장은 없습니다.

이익 실현을 너무 빨리 하게 만들기도 합니다. 주식이 10% 올랐을 때 "이 이익을 잃으면 어떡하지?"라는 두려움이 생깁니다. 더 오를 수 있는데도 빨리 팔아 버립니다. 손실은 오래 끌고, 이익은 빨리 끊는 것. 이것이 투자 수익률을 갉아먹습니다.

리스크 있는 투자를 아예 회피하게 만들기도 합니다. 원금 손실이 두려워 아예 투자를 하지 않는 것입니다. 하지만 인플레이션을 고려하면 아무것도 하지 않는 것도 손실입니다.

손실회피 편향의 구체적 사례

A 씨는 1,000만 원에 산 주식이 700만 원이 됐습니다. 팔아야 한다

는 것을 알지만 '300만 원 손해 확정'이 두려워 팔지 못합니다. 결국 500만 원까지 떨어집니다. 반면 B 씨는 1,000만 원에 산 주식이 1,200만 원이 됐습니다. 200만 원 이익에 들떴다가 "이 이익을 잃으면 어쩌지?"라는 생각에 바로 팝니다. 그 주식은 나중에 2,000만 원이 됩니다.

C 씨는 손실 난 종목 A는 계속 들고 있으면서, 이익 난 종목 B는 빨리 팝니다. 결과적으로 포트폴리오에는 손실 종목만 남습니다. 이것을 '처분효과(Disposition Effect)'라고 합니다. 이기는 말은 팔고 지는 말만 남기는 것입니다.

손실회피 편향을 극복하는 방법

매수할 때 손절 기준을 정해 두는 것이 효과적입니다. "10% 하락하면 판다."와 같은 규칙을 미리 정하고 기계적으로 실행합니다. 감정이 개입할 틈을 주지 않는 것입니다.

매몰 비용을 잊어야 합니다. '얼마에 샀는지'는 이미 과거의 일이고, 투자 판단과 무관합니다. 중요한 것은 "지금 이 가격에서 이 주식을 새로 살 것인가?"입니다. 대답이 "아니요."라면 팔아야 합니다.

전체 포트폴리오 관점에서 보는 것도 도움이 됩니다. 개별 종목의 손익에 집착하지 말고 전체 자산의 성과를 봅니다. 한 종목이 손실이어도 전체가 플러스면 성공한 것입니다.

자동화된 시스템을 활용할 수도 있습니다. 손절 주문을 미리 걸어 두거나, 규칙에 따라 자동으로 리밸런싱하는 서비스를 이용하면 감정

개입을 줄일 수 있습니다.

핵심 정리

- 손실회피 편향은 손실의 고통을 이익의 기쁨보다 약 2배 크게 느끼는 심리다.
- 이 편향 때문에 손절은 못 하고 이익 실현은 너무 빨리 하게 된다.
- 매수 시 손절 기준을 정하고, 매몰 비용을 잊는 연습이 필요하다.
- 개별 종목이 아닌 전체 포트폴리오 관점에서 성과를 평가해야 한다.

03

확증편향
— 보고 싶은 것만 보는 투자

"이 회사 정말 좋아. 뉴스에서도 좋다고 하고, 유튜브에서도 추천하더라." 그런데 잠깐, 혹시 그 뉴스와 유튜브는 원래 좋다고 말하는 곳만 찾아본 것은 아닐까요? 우리는 자신의 판단이 옳다는 것을 확인해 주는 정보는 열심히 찾고, 반대되는 정보는 무시하는 경향이 있습니다. 이것이 확증편향이며, 투자자를 잘못된 판단으로 이끄는 위험한 함정입니다.

확증편향의 정의

확증편향(Confirmation Bias)은 자신의 기존 믿음이나 가설을 확인해 주는 정보는 적극적으로 받아들이고, 반박하는 정보는 무시하거나 과소평가하는 심리적 경향입니다. 쉽게 말해 '보고 싶은 것만 보고, 듣고 싶은 것만 듣는' 것입니다.

이 편향은 모든 사람에게 있습니다. 우리의 뇌는 인지적 일관성을 추구합니다. 자신의 믿음과 충돌하는 정보를 처리하는 것은 불편하고 에너지가 들기 때문에, 본능적으로 회피합니다.

투자에서 확증편향이 나타나는 방식

정보 수집 단계에서 편향이 시작됩니다. 특정 종목을 매수하기로 마음먹으면, 그 종목에 우호적인 분석만 찾아봅니다. 'ㅇㅇ 주식 전망' 검색 결과 중 긍정적인 것만 읽고, 부정적인 것은 넘깁니다. 찬성 의견은 "맞아, 나도 그렇게 생각했어."라고 하고, 반대 의견은 "저 사람은 몰라서 그래."라고 치부합니다.

정보 해석에서도 편향이 작용합니다. 같은 뉴스를 보더라도 자신에게 유리하게 해석합니다. 실적이 예상보다 낮게 나왔는데 "이 정도면 선방한 거야.", 경쟁사가 좋은 제품을 출시했는데 "금방 따라잡을 거야."라고 합리화합니다.

기억에서도 편향이 나타납니다. 자신의 판단이 맞았던 경험은 잘 기억하고, 틀렸던 경험은 잊어버립니다. "저번에도 내 판단이 맞았잖아."라고 생각하지만, 실제로는 틀렸던 적이 더 많을 수 있습니다.

확증편향의 위험성

잘못된 투자를 계속하게 만드는 것이 가장 큰 위험입니다. 객관적으로 보면 팔아야 할 주식인데, 긍정적인 정보만 모아서 "더 가지고 있어야 해."라고 결론 내립니다. 경고 신호를 무시하고 손실이 커집니다.

에코 챔버(Echo Chamber)에 갇히게 됩니다. 같은 생각을 하는 사람들과만 소통하면 자신의 판단이 객관적이라고 착각합니다. 주식 커뮤니티에서 특정 종목 게시판에만 있으면 그 종목에 대한 낙관론만 보게 됩니다.

학습을 방해합니다. 투자 실력이 늘려면 실패에서 배워야 합니다. 하지만 확증편향이 있으면 실패를 인정하지 않고 외부 탓으로 돌립니다. "운이 나빴어.", "시장이 이상해."라고 하며 같은 실수를 반복합니다.

확증편향을 극복하는 방법

의도적으로 반대 의견을 찾아야 합니다. 매수하려는 종목이 있다면 '왜 이 주식을 사면 안 되는지' 분석한 글을 먼저 찾아봅니다. 반대 의견이 설득력 있다면 다시 생각해 봐야 합니다.

악마의 대변인 역할을 해 보는 것도 효과적입니다. 자신의 투자 논리에 스스로 반박해 봅니다. "내가 틀렸다면 어떤 이유일까?", "이 투자가 실패하려면 무엇이 일어나야 할까?" 이런 질문을 던져 봅니다.

투자 근거를 미리 기록해 두는 것이 도움이 됩니다. 매수할 때 '이 가격에 이 주식을 사는 이유'를 적어 둡니다. 나중에 상황이 바뀌었을 때 처음 근거가 여전히 유효한지 점검할 수 있습니다.

다양한 시각의 정보원을 확보해야 합니다. 특정 성향의 유튜버나 분석가만 보지 말고, 여러 관점의 의견을 접합니다. 불편하더라도 반대 의견에 귀 기울이는 습관을 들입니다.

핵심 정리

- 확증편향은 자신의 기존 믿음을 확인해 주는 정보만 받아들이는 심리다.
- 정보 수집, 해석, 기억 모든 단계에서 편향이 작용한다.
- 의도적으로 반대 의견을 찾고, 자신의 논리에 반박해 보는 연습이 필요하다.
- 투자 근거를 기록해 두면 나중에 객관적으로 점검할 수 있다.

04

과잉확신
— 몇 번의 성공이 만든 착각

"나는 투자 감각이 있어. 지난번에도 맞았잖아." 몇 번 수익을 내고 나면 이런 생각이 듭니다. 그래서 더 큰 금액을, 더 과감하게 투자합니다. 그리고 큰 손실을 봅니다. 운으로 얻은 성공을 실력으로 착각하는 것, 이것이 과잉확신입니다. 투자에서 가장 비싼 대가를 치르게 하는 심리적 함정 중 하나입니다.

과잉확신의 정의

과잉확신(Overconfidence)은 자신의 지식, 능력, 판단력을 실제보다 높게 평가하는 심리적 경향입니다. 연구에 따르면 사람들의 90%가 자신이 평균 이상의 운전 실력을 가지고 있다고 생각합니다. 논리적으로 불가능한 일이지만, 대부분이 그렇게 믿습니다. 투자에서도 마찬가지입니다.

과잉확신은 두 가지 형태로 나타납니다. 첫째는 자신의 예측 능력에 대한 과신입니다. 미래 주가를 맞힐 수 있다고 생각합니다. 둘째는 자신이 가진 정보의 질에 대한 과신입니다. 남들이 모르는 특별한 정보를 가지고 있다고 믿습니다.

과잉확신이 생기는 이유

성공은 기억하고 실패는 잊기 때문입니다. 수익을 낸 투자는 자랑스럽게 기억하고, 손실을 본 투자는 빨리 잊으려 합니다. 시간이 지나면 성공만 남아 "나는 투자를 잘해."라는 결론에 이릅니다.

운을 실력으로 착각하기도 합니다. 주식시장이 전반적으로 오르는 시기에는 무엇을 사도 수익이 납니다. 이때의 성공을 자신의 분석력 덕분이라고 생각합니다. 하지만 시장이 하락하면 실력의 실체가 드러납니다.

'후견 편향(Hindsight Bias)'도 영향을 미칩니다. 일이 일어난 후에 "그럴 줄 알았어."라고 생각하는 경향입니다. 실제로는 예측하지 못했으면서 결과를 보고 나서 예측했다고 기억을 왜곡합니다.

과잉확신이 투자에 미치는 영향

과도한 거래로 이어집니다. 자신의 판단을 과신하면 자주 사고팔게 됩니다. 연구에 따르면 거래가 잦을수록 수익률이 낮습니다. 거래 비용이 쌓이고, 잘못된 타이밍에 매매할 확률이 높아지기 때문입니다.

집중 투자로 이어집니다. "이건 확실해."라는 생각에 한 종목에 많은 돈을 투자합니다. 맞으면 대박이지만, 틀리면 큰 손실입니다. 그리고 통계적으로 틀릴 확률이 높습니다.

위험 관리를 소홀히 하게 됩니다. "내가 틀릴 리 없어."라고 생각하면 손절 기준도, 분산투자도 필요 없게 느껴집니다. 예상치 못한 손실에 무방비 상태가 됩니다.

과잉확신을 극복하는 방법

투자 기록을 남기는 것이 가장 효과적입니다. 모든 매매와 그 이유를 기록합니다. 시간이 지난 후 성공률을 계산해 봅니다. 대부분 자신이 생각한 것보다 적중률이 낮습니다. 객관적 증거 앞에서 겸손해질 수 있습니다.

"내가 틀릴 수 있다."를 기본 가정으로 삼아야 합니다. 아무리 확신이 있어도 잘못될 가능성을 열어 둡니다. 그래서 한 곳에 올인하지 않고, 손절 기준을 정해 둡니다.

시장의 겸손함을 배워야 합니다. 수많은 전문가들도 시장을 예측하는 데 실패합니다. 펀드매니저의 다수가 시장 평균을 이기지 못합니다. 이들보다 자신이 더 뛰어날 가능성은 낮습니다.

거래 빈도를 의식적으로 줄이는 것도 방법입니다. 매매하고 싶은 충동이 들 때 "정말 필요한 거래인가?"를 자문합니다. 대부분의 거래는 하지 않아도 됩니다.

핵심 정리

- 과잉확신은 자신의 투자 능력을 실제보다 높게 평가하는 심리다.
- 성공은 기억하고 실패는 잊으며, 운을 실력으로 착각하기에 생긴다.
- 과잉확신은 과도한 거래, 집중 투자, 위험 관리 소홀로 이어진다.
- 투자 기록을 남기고 "틀릴 수 있다."를 기본 가정으로 삼아야 한다.

05

군중심리
— 모두가 살 때가 가장 위험한 이유

"요즘 다들 이 주식 산대.", "저 코인 안 사면 바보래." 주변 모두가 특정 자산에 열광하면 마음이 흔들립니다. 나만 소외되는 것 같고, 나만 기회를 놓치는 것 같습니다. 결국 따라 삽니다. 그리고 대부분 고점 근처에서 삽니다. 군중심리는 투자에서 가장 흔하고 가장 비싼 실수를 만들어 냅니다.

군중심리의 정의

군중심리(Herd Mentality)는 많은 사람들이 하는 행동을 따라 하려는 심리적 경향입니다. 다수의 선택이 옳다고 믿고, 그 집단에 소속되고 싶은 욕구가 작용합니다. 사회적 동물인 인간에게 자연스러운 본능이지만, 투자에서는 위험한 함정이 됩니다.

FOMO(Fear Of Missing Out)도 군중심리의 일종입니다. 다른 사람들이 돈을 버는 것을 보면 자신만 기회를 놓치고 있다는 두려움이 생깁니다. 이 두려움에 이끌려 충분한 분석 없이 매수하게 됩니다.

군중심리가 위험한 이유

모두가 살 때는 이미 가격이 올랐을 때입니다. 주변에서 특정 자산 이야기가 많이 들린다는 것은 이미 많은 사람이 샀다는 의미입니다. 더 살 사람이 줄어들고 있습니다. 늦게 탑승한 사람은 고점에서 사게 됩니다.

모두가 팔 때도 마찬가지입니다. 공포가 퍼지면 너도나도 팝니다. 합리적 판단이 아니라 공포에 따라 움직입니다. 가격이 바닥에서 한참 더 떨어지고, 나중에 보면 그때가 좋은 매수 기회였습니다.

버블과 폭락의 원인이 됩니다. 군중심리가 극대화되면 자산 가격이 본질적 가치와 동떨어지게 됩니다. 오를 때는 끝없이 오를 것 같고, 떨어질 때는 끝없이 떨어질 것 같습니다. 이것이 버블과 폭락의 메커니즘입니다.

역사적 사례

2000년 닷컴 버블이 대표적입니다. IT 기업이라면 뭐든 사야 한다는 분위기였습니다. 택시 기사, 미용사, 주부 모두가 주식 이야기를 했습니다. 결국 버블이 꺼지고 나스닥 지수는 80% 가까이 폭락했습니다.

2021년 암호화폐 열풍도 마찬가지입니다. "비트코인 안 사면 바보.", "이 코인은 100배 간다."라는 말이 넘쳐 났습니다. 주변 모두가 코인 이야기를 했습니다. 열풍이 지나간 후 대부분의 코인은 크게 하락했습니다.

한국의 2007년 펀드 열풍도 있었습니다. "적립식 펀드가 답이다."라며 너도나도 가입했습니다. 바로 다음 해 금융위기가 터졌고, 많은 사람이 손실을 봤습니다. 가장 많이 가입할 때가 가장 위험한 시기였습니다.

군중심리를 극복하는 방법

'택시 기사 지표'를 활용합니다. 투자에 관심 없던 사람들까지 특정 자산을 이야기하면 경계 신호입니다. 모두가 열광할 때 오히려 한 발 물러서야 합니다.

자신만의 투자 원칙을 세우고 지켜야 합니다. "특정 PER 이하에서만 매수한다.", "분산투자를 유지한다." 같은 원칙이 있으면 분위기에 휩쓸리지 않습니다.

뉴스와 소셜미디어를 멀리하는 것도 방법입니다. 미디어는 분위기를 증폭시킵니다. 좋을 때는 더 좋게, 나쁠 때는 더 나쁘게 보도합니다. 정보 섭취를 줄이면 냉정함을 유지할 수 있습니다.

역발상 투자를 연습합니다. 모두가 팔 때 사고, 모두가 살 때 파는 것입니다. 말은 쉽지만 실천은 어렵습니다. 평소에 원칙을 세워 두고, 기회가 왔을 때 실행할 준비를 해 둡니다.

핵심 정리

- 군중심리는 다수의 행동을 따라 하려는 심리로, FOMO도 이에 해당한다.
- 모두가 살 때는 이미 고점이고, 모두가 팔 때는 바닥에 가깝다.
- 택시 기사도 이야기하는 자산은 경계해야 한다.
- 자신만의 투자 원칙을 세우고, 분위기에 휩쓸리지 않아야 한다.

06

거품(Bubble)
— 가격은 언제 현실로 돌아오는가

"이번엔 다르다(This time is different)." 버블이 형성될 때마다 등장하는 말입니다. 새로운 기술이, 새로운 시대가, 새로운 패러다임이 가격 상승을 정당화한다고 합니다. 하지만 역사를 보면 결국 가격은 현실로 돌아옵니다. 거품은 어떻게 만들어지고, 언제 터지며, 우리는 어떻게 대비해야 할까요?

거품의 정의

거품(Bubble)은 자산 가격이 내재 가치를 크게 벗어나 과도하게 상승한 상태를 말합니다. 핵심은 가격 상승이 펀더멘털(기업 실적, 경제 상황 등)이 아니라 투기적 기대에 의해 주도된다는 것입니다. 사람들이 '더 오를 것'이라는 기대 하나로 사들이면서 가격이 올라갑니다.

거품의 특징은 자기 강화적이라는 것입니다. 가격이 오르니까 사람들이 사고, 사람들이 사니까 가격이 오릅니다. 이 순환이 계속되면서 가격은 현실과 점점 멀어집니다.

거품의 형성 단계

첫 번째는 대체(Displacement) 단계입니다. 새로운 기술, 정책 변화, 혁신 등이 등장하여 특정 자산에 대한 관심이 높아집니다. 이 단계에서의 가격 상승은 합리적 근거가 있습니다.

두 번째는 호황(Boom) 단계입니다. 초기 투자자들이 수익을 내면서 더 많은 사람들이 참여합니다. 언론이 보도하고, 입소문이 퍼집니다. 가격 상승이 가속화됩니다.

세 번째는 행복감(Euphoria) 단계입니다. "이 자산은 절대 떨어지지 않아.", "새로운 시대가 열렸어."라는 말이 나옵니다. 가격에 대한 경고는 무시됩니다. 빚을 내서라도 투자합니다. 이 단계가 버블의 정점입니다.

네 번째는 이익 실현(Profit Taking) 단계입니다. 현명한 투자자들이 조용히 빠져나갑니다. 가격 상승이 둔화되지만, 아직 많은 사람들은 '조정일 뿐'이라고 생각합니다.

다섯 번째는 공황(Panic) 단계입니다. 가격이 급락하면서 공포가 퍼집니다. 너도나도 팔려고 하지만 살 사람이 없습니다. 가격은 빠르게 무너집니다. 종종 버블 이전 수준 아래로 떨어집니다.

역사적 거품 사례

1630년대 네덜란드 튤립 버블이 최초의 기록된 투기 거품입니다. 튤립 구근 하나가 집 한 채 값에 거래됐습니다. 결국 3개월 만에 가격이 90% 이상 폭락했습니다.

2008년 미국 부동산 버블은 '집값은 떨어지지 않는다'는 믿음 위에 세워졌습니다. 서브프라임 모기지가 확산되면서 무리하게 대출받아 집을 샀습니다. 버블이 터지면서 글로벌 금융위기로 확산됐습니다.

2017년 암호화폐 버블에서 비트코인은 1,000달러에서 20,000달러까지 올랐습니다. ICO(Initial Coin Offering) 열풍으로 수천 개의 코인이 만들어졌습니다. 이후 80% 이상 폭락했고, 대부분의 알트코인은 사실상 가치가 사라졌습니다.

거품을 피하는 방법

밸류에이션을 확인하는 습관이 필요합니다. 주가수익비율(PER), 주가매출비율(PSR) 등 기본적인 지표가 역사적 평균과 비교해 어떤지 봅니다. 지표가 극단적이면 경계해야 합니다.

'이번엔 다르다'는 말을 경계해야 합니다. 새로운 기술이나 환경 변화가 있더라도 가격이 무한정 오를 수는 없습니다. 과거에도 '이번엔 다르다'고 했지만 결국 다르지 않았습니다.

빚을 내서 투자하지 않아야 합니다. 레버리지는 버블 붕괴 시 손실을 극대화합니다. 자기 돈으로만 투자하면 최악의 경우에도 원금만 잃습니다.

유행에 늦게 뛰어들지 않는 것이 현명합니다. 모두가 이야기하기 시작했다면 이미 상당 부분 올랐습니다. 이때 들어가면 '더 큰 바보'가 될 확률이 높습니다.

핵심 정리

- 거품은 자산 가격이 내재 가치를 크게 벗어나 투기적으로 상승한 상태다.
- 거품은 대체 → 호황 → 행복감 → 이익 실현 → 공황의 단계를 거친다.
- '이번엔 다르다'는 말이 나올 때가 버블의 정점에 가깝다.
- 밸류에이션 확인, 레버리지 회피, 유행 추종 금지가 거품을 피하는 방법이다.

07

레버리지
— 수익을 키우는 만큼 위험도 키운다

"1,000만 원으로 1억 원어치 투자할 수 있다면?" 솔깃한 이야기입니다. 수익이 10%만 나도 100만 원이 아니라 1,000만 원을 벌 수 있습니다. 이것이 레버리지의 매력입니다. 하지만 반대로 10% 손실이 나면? 원금 전체가 사라집니다. 레버리지는 양날의 검이며, 많은 투자자를 파멸로 이끈 함정입니다.

레버리지의 정의

레버리지(Leverage)는 빌린 돈이나 파생상품을 이용해 적은 자본으로 더 큰 규모의 투자를 하는 것입니다. 지렛대(Lever)라는 어원 그대로, 작은 힘으로 큰 것을 움직이는 원리입니다. 자기 자본 대비 총 투자 금액의 비율을 레버리지 배율이라고 합니다.

예를 들어 1,000만 원을 가지고 3,000만 원어치 주식을 샀다면 레버리지 3배입니다. 2,000만 원은 빌린 것입니다. 주식이 10% 오르면 300만 원 수익으로, 원금 대비 30% 수익입니다. 하지만 10% 떨어지면 300만 원 손실로, 원금 대비 30% 손실입니다.

레버리지의 종류

대출 레버리지가 가장 흔합니다. 증권사에서 돈을 빌려 주식을 사는 신용거래, 은행에서 돈을 빌려 부동산을 사는 주택담보대출이 여기 해당합니다.

파생상품 레버리지도 있습니다. 선물, 옵션, CFD 같은 파생상품은 적은 증거금으로 큰 규모의 포지션을 가질 수 있습니다. 10배, 50배, 100배 레버리지도 가능합니다.

레버리지 ETF는 지수 수익률의 2배, 3배를 추종합니다. 지수가 1% 오르면 레버리지 2배 ETF는 2% 오릅니다. 매일 리밸런싱되므로 장기 보유 시 예상과 다른 결과가 나올 수 있습니다.

레버리지의 위험

손실이 증폭된다는 것이 가장 큰 위험입니다. 레버리지 3배로 투자했는데 자산이 33% 하락하면 원금이 전부 사라집니다.

시간이 적으로 변합니다. 빌린 돈에는 이자가 붙습니다. 자산이 움직이지 않아도 이자 비용은 계속 나갑니다. 레버리지 ETF도 매일 비용이 발생해 장기 보유 시 가치가 서서히 녹습니다.

마진콜 위험이 있습니다. 자산 가치가 일정 수준 이하로 떨어지면 추가 담보를 요구받습니다. 담보를 넣지 못하면 강제 청산됩니다. 가장 불리한 시점에 팔게 되는 것입니다.

심리적 압박이 커집니다. 레버리지를 쓰면 가격 변동이 원금에 미치는 영향이 커집니다. 작은 변동에도 크게 흔들리고, 냉정한 판단이 어려워집니다.

레버리지를 다루는 원칙

초보자는 레버리지를 쓰지 않는 것이 안전합니다. 레버리지 없이도 충분히 수익을 낼 수 있습니다. 복리의 힘을 이용하면 시간은 걸리지만 안전하게 자산을 불릴 수 있습니다.

쓰더라도 낮은 배율로 유지해야 합니다. 레버리지 2배도 위험합니다. 자산이 50% 떨어지면 원금이 사라지기 때문입니다. 극단적 시장 상황에서 50% 하락은 드물지 않습니다.

최악의 시나리오를 상정해야 합니다. "이 자산이 최대 얼마나 떨어질 수 있는가?" 그 하락을 감당할 수 있는 레버리지 수준인지 확인합니다. 감당할 수 없으면 쓰지 않습니다.

단기 전략에만 제한적으로 사용해야 합니다. 레버리지는 시간이 지날수록 비용이 쌓입니다. 장기 투자에는 적합하지 않습니다. 쓰더라도 짧은 기간, 명확한 출구 전략과 함께 써야 합니다.

핵심 정리

- 레버리지는 적은 자본으로 더 큰 투자를 하는 것으로, 수익과 손실을 모두 증폭시킨다.
- 레버리지를 쓰면 자산이 일정 비율 하락할 때 원금 전부를 잃을 수 있다.
- 시간이 지날수록 이자와 비용이 쌓여 레버리지는 장기 투자에 불리하다.
- 초보자는 레버리지를 쓰지 않는 것이 안전하며, 쓰더라도 낮은 배율로 제한해야 한다.

08

마진콜
— 투자에서 가장 무서운 전화

"고객님, 담보 비율이 부족합니다. 오늘 중으로 추가 입금하시거나 포지션을 정리해 주세요." 투자에서 가장 듣기 싫은 말입니다. 마진콜은 레버리지 투자의 끝에서 기다리는 최악의 시나리오입니다. 한 번의 마진콜이 수년간 모은 자산을 하루아침에 날릴 수 있습니다. 마진콜이 무엇이고, 왜 위험하며, 어떻게 피할 수 있는지 알아봅시다.

마진콜의 정의

마진콜(Margin Call)은 레버리지 거래에서 담보 가치가 일정 비율 이하로 떨어졌을 때 추가 담보를 요구하는 통보입니다. 증거금(Margin)이 부족하니 채우라는 호출(Call)인 것입니다.

예를 들어 1,000만 원을 담보로 3,000만 원어치 주식을 샀다고 합시다. 담보 유지 비율이 30%라면, 주식 가치의 30%인 900만 원 이상은 담보로 유지해야 합니다. 주식이 하락해서 담보 비율이 30% 아래로 떨어지면 마진콜이 발생합니다.

마진콜이 발생하면 일어나는 일

추가 담보 납입 요구가 먼저 옵니다. 정해진 시간 내에 현금이나 다른 자산을 담보로 추가해야 합니다. 보통 당일이나 다음 날까지로 시간이 촉박합니다.

담보를 채우지 못하면 강제 청산(Forced Liquidation)이 됩니다. 증권사나 거래소가 임의로 포지션을 정리합니다. 가장 불리한 시점에, 가장 불리한 가격에 팔리게 됩니다.

그래도 빚이 남을 수 있습니다. 자산 가치가 빠르게 하락하는 상황에서는 청산 후에도 원금보다 더 많은 손실이 발생할 수 있습니다. 빌린 돈을 갚고도 빚이 남는 것입니다.

마진콜의 실제 사례

2020년 코로나 폭락 당시 많은 개인 투자자들이 마진콜을 경험했습니다. 코스피가 두 달 만에 35% 이상 급락했습니다. 신용 거래를 한 투자자들에게 일제히 마진콜이 갔고, 강제 청산이 줄을 이었습니다. 시장이 바닥을 찍고 반등했을 때, 그들의 계좌는 이미 텅 비어 있었습니다.

2021년 아케고스 캐피털 사태도 있었습니다. 총수익스왑(TRS)을 이용해 고레버리지로 주식에 투자했던 이 펀드는 보유 종목 하락으로 마진콜을 받았습니다. 수십조 원 규모의 강제 청산이 일어났고, 관련 은행들은 수조 원의 손실을 입었습니다.

마진콜이 위험한 이유

가장 나쁜 타이밍에 팔게 만듭니다. 마진콜은 가격이 급락할 때 발생합니다. 그리고 그때가 바로 팔면 안 되는 시점일 가능성이 높습니다. 조금만 버티면 회복될 수 있는데, 강제 청산으로 그 기회를 잃습니다.

연쇄 효과를 일으킵니다. 강제 청산 물량이 시장에 쏟아지면 가격이 더 떨어집니다. 더 떨어지면 더 많은 마진콜이 발생합니다. 악순환이 시작됩니다.

회복이 어렵습니다. 마진콜로 원금을 모두 잃으면 재기하기 어렵습니다. 처음부터 다시 시작해야 합니다. 시간과 기회비용 손실이 금전적 손실보다 클 수 있습니다.

마진콜을 피하는 방법

레버리지를 쓰지 않는 것이 가장 확실합니다. 레버리지 없이는 마진콜도 없습니다. 자기 돈만 투자하면 주가가 0원이 되어도 빚이 생기지 않습니다.

쓰더라도 보수적인 담보 비율을 유지합니다. 증권사 기준보다 훨씬 높은 담보 비율을 스스로 설정합니다. 예를 들어 증권사 기준이 30%라면, 자신의 기준은 50%로 유지합니다.

현금 여력을 확보해 둡니다. 마진콜이 왔을 때 추가로 넣을 현금이 있으면 강제 청산을 피할 수 있습니다. 레버리지 투자 금액의 일정 비율은 현금으로 대기시켜 둡니다.

손절 기준을 미리 정합니다. 마진콜 전에 먼저 손절하는 것이 낫습니다. "담보 비율 40%에 도달하면 절반을 청산한다." 같은 규칙을 정해 두고 실행합니다.

핵심 정리

- 마진콜은 레버리지 거래에서 담보가 부족할 때 추가 담보를 요구하는 통보다.
- 담보를 채우지 못하면 강제 청산되어 가장 불리한 시점에 팔게 된다.
- 마진콜을 피하려면 레버리지를 쓰지 않거나, 보수적 담보 비율을 유지해야 한다.
- 현금 여력을 확보하고, 마진콜 전에 손절하는 규칙을 미리 정해 두는 것이 현명하다.

09
유동성 위기
─ 팔고 싶어도 못 파는 순간

자산이 있는데 현금이 없다. 팔아야 하는데 살 사람이 없다. 가격은 원하는 대로 책정할 수 있지만 거래가 성사되지 않는다. 이것이 유동성 위기입니다. 종이 위의 자산 가치는 무의미해지고, 급하게 팔수록 더 싸게 팔아야 합니다. 유동성 위기는 개인과 시장 모두에게 찾아올 수 있는 무서운 상황입니다.

유동성 위기의 정의

유동성 위기(Liquidity Crisis)는 자산을 원하는 가격에, 원하는 시점에 현금으로 바꿀 수 없는 상황입니다. 챕터 1에서 유동성의 중요성을 설명했습니다. 유동성 위기는 그 유동성이 사라졌을 때 벌어지는 일입니다.

유동성 위기는 두 가지 차원에서 발생합니다. 개인 차원에서는 자신의 자산을 현금화하지 못하는 상황입니다. 시장 차원에서는 시장 전체에서 거래가 마비되는 상황입니다.

개인의 유동성 위기

비유동 자산에 과도하게 투자했을 때 발생합니다. 전 재산이 부동산에 묶여 있는데 갑자기 현금이 필요한 상황. 부동산을 팔려면 몇 달이 걸리고, 급매로 내놓으면 시세보다 훨씬 싸게 팔아야 합니다.

비상장 주식이나 펀드에 투자했을 때도 마찬가지입니다. 환매 제한이 걸리거나 거래 상대방을 찾지 못하면 원할 때 현금화할 수 없습니다. 좋은 기회가 와도 잡지 못하고, 급한 상황에서는 더 손해를 감수해야 합니다.

시장의 유동성 위기

2008년 금융위기가 대표적입니다. 서브프라임 모기지 사태로 금융기관들이 서로를 불신하면서 자금 시장이 마비됐습니다. 은행도, 기업도 돈을 빌릴 수 없었습니다. 멀쩡한 자산도 팔리지 않았습니다.

2020년 코로나 초기에도 유동성 위기가 왔습니다. 3월 중순, 주식, 채권, 금 할 것 없이 모든 자산이 동시에 폭락했습니다. 안전자산이라는 금마저 떨어진 이유는 현금 확보를 위해 가진 모든 것을 팔았기 때문입니다.

가상자산 시장에서도 유동성 위기가 자주 발생합니다. 거래량이 적은 코인은 큰 금액을 한 번에 팔면 가격이 급락합니다. 팔고 싶어도 제 값에 팔 수 없습니다.

유동성 위기의 특징

비드-애스크 스프레드가 급격히 벌어집니다. 비드(Bid)는 사겠다는 가격, 애스크(Ask)는 팔겠다는 가격입니다. 평소에는 차이가 작지만, 유동성 위기에는 이 차이가 급격히 벌어집니다. 팔려면 훨씬 낮은 가격을 받아들여야 합니다.

거래 자체가 성사되지 않기도 합니다. 매도 주문은 쌓여 있는데 매수 주문이 없습니다. 기다려도 팔리지 않습니다. 가격을 낮춰도 거래가 안 됩니다.

연쇄 효과가 발생합니다. 한 자산의 유동성 위기가 다른 자산으로 퍼집니다. 현금 확보를 위해 다른 자산도 팔기 시작하면서 위기가 확산됩니다.

유동성 위기에 대비하는 방법

현금 비중을 유지해야 합니다. 전체 자산의 일부는 항상 현금으로 보유합니다. 유동성 위기가 왔을 때 현금이 있으면 버틸 수 있고, 오히려 좋은 매수 기회가 됩니다.

유동성 높은 자산 위주로 투자합니다. 상장 주식, 대형 ETF, 국채 등은 웬만해서는 유동성이 마르지 않습니다. 유동성이 낮은 자산은 전체 포트폴리오의 일부로 제한합니다.

급하게 팔아야 하는 상황을 만들지 않습니다. 여유 자금으로만 투자하고, 비상금은 따로 둡니다. 빚을 내서 투자하면 이자 상환 때문에 급히 팔아야 하는 상황이 생길 수 있습니다.

시장 전체의 유동성 상황을 주시합니다. 금융 시장의 스트레스 지표, 신용 스프레드, VIX(공포 지수) 등을 확인합니다. 유동성이 마르기 시작하면 위험 자산 비중을 줄입니다.

핵심 정리

- 유동성 위기는 자산을 원하는 가격과 시점에 현금화하지 못하는 상황이다.
- 개인은 비유동 자산 과잉 투자로, 시장은 극단적 공포 상황에서 유동성 위기가 온다.
- 유동성 위기 시 비드-애스크 스프레드가 급격히 벌어지고 거래가 마비된다.
- 현금 비중 유지, 유동성 높은 자산 투자, 급매 상황 회피가 대비책이다.

10

블랙스완
— 예상 밖 사건이 시장을 무너뜨릴 때

"그런 일이 일어날 줄 누가 알았겠어?" 코로나 팬데믹, 러시아의 우크라이나 침공, 9·11 테러. 일어나기 전에는 상상도 못 했지만, 일어난 후에는 세상을 바꿔 버린 사건들입니다. 투자에서 이런 예측 불가능한 극단적 사건을 블랙스완이라고 합니다. 블랙스완은 피할 수 없지만, 대비할 수는 있습니다.

블랙스완의 정의

블랙스완(Black Swan)은 나심 니콜라스 탈레브가 제시한 개념으로, 세 가지 특징을 가진 사건을 말합니다. 첫째, 과거 경험에 비추어 일어날 가능성이 희박해 보입니다. 둘째, 일어나면 극단적인 충격을 줍니다. 셋째, 일어난 후에는 "예견 가능했다."라며 사후적으로 설명됩니다.

이 용어는 유럽인들이 오랫동안 '백조는 흰색'이라고 믿다가 호주에서 검은 백조를 발견한 역사적 사건에서 유래했습니다. 한 번도 본 적이 없다고 해서 존재하지 않는 것은 아니라는 교훈입니다.

투자에서의 블랙스완 사례

2008년 글로벌 금융위기가 대표적입니다. 미국 집값이 전국적으로 하락한 적이 없다는 가정 위에 금융 시스템이 세워졌습니다. 그 가정이 무너지자 세계 경제가 무너졌습니다. 대부분의 전문가도 예측하지 못했습니다.

2020년 코로나 팬데믹도 블랙스완입니다. 전 세계가 동시에 봉쇄되리라고는 누구도 예상하지 못했습니다. 주식시장은 한 달 만에 30% 이상 폭락했고, 항공, 여행, 요식업 등 특정 산업은 매출이 사실상 0이 됐습니다.

2022년 러시아의 우크라이나 침공도 마찬가지입니다. 21세기에 유럽에서 대규모 전쟁이 일어나리라고는 많은 이들이 예상하지 못했습니다. 에너지 가격이 폭등하고, 공급망이 흔들리고, 인플레이션이 치솟았습니다.

블랙스완의 특성

예측이 불가능합니다. 블랙스완은 기존의 모델이나 데이터로 예측할 수 없는 사건입니다. 과거에 일어난 적이 없거나, 일어난 적이 있어도 잊힌 사건입니다. 확률 모델로 계산하면 '사실상 불가능'으로 나오지만 실제로 일어납니다.

충격이 비대칭적입니다. 블랙스완의 영향은 상상을 초월합니다. 작은 변화가 아니라 시스템 전체를 흔드는 충격입니다. 잠깐의 조정이 아니라 장기적인 패러다임 변화를 가져옵니다.

사후적으로 설명됩니다. 일어난 후에는 "그럴 수밖에 없었다.", "조짐이 있었다."라고 합니다. 하지만 그것은 결과를 알고 난 후의 합리화입니다. 사전에는 그 조짐을 조짐으로 인식하지 못했습니다.

블랙스완에 대비하는 방법

예측하려 하지 않는 것이 첫 번째입니다. 블랙스완은 정의상 예측 불가능합니다. "다음에 무슨 일이 일어날까?"를 예측하려는 노력은 헛됩니다. 대신 "무슨 일이 일어나더라도 살아남을 수 있는가?"를 점검합니다.

안티프래질(Antifragile)한 포트폴리오를 구성합니다. 탈레브의 또 다른 개념인 안티프래질은 충격을 받을수록 오히려 강해지는 성질입니다. 현금 비중을 충분히 유지하고, 극단적 상황에서 큰 수익을 내는 자산(예: 풋옵션)을 일부 보유하는 것이 방법입니다.

과도한 레버리지를 피합니다. 블랙스완이 왔을 때 레버리지는 치명적입니다. 자산이 50% 하락해도 버틸 수 있으면 회복할 기회가 있지만, 레버리지로 원금이 사라지면 그 기회가 없습니다.

분산을 극대화합니다. 어떤 블랙스완이 올지 모르므로 다양한 자산, 다양한 지역, 다양한 전략에 분산합니다. 한 영역이 무너져도 다른 영역이 버텨 주는 구조를 만듭니다.

"최악의 시나리오에서 살아남는가?"를 항상 자문합니다. 지금 내 포트폴리오가 50% 하락해도 생존할 수 있는가? 특정 자산이 0이 되어도 괜찮은가? 대답이 "아니요."라면 지금 조정해야 합니다.

핵심 정리

- 블랙스완은 예측 불가능하고, 극단적 충격을 주며, 사후에 설명되는 사건이다.
- 2008년 금융위기, 2020년 코로나, 2022년 우크라이나 전쟁이 대표적 사례다.
- 블랙스완을 예측하려 하지 말고, 어떤 일이 와도 살아남을 수 있는지를 점검해야 한다.
- 레버리지 회피, 현금 비중 유지, 광범위한 분산이 블랙스완 대비의 핵심이다.

Chapter 6

실전 투자에 꼭 필요한 도구와 전략

— 이론을 실제 투자로 바꾸는 방법

01

포트폴리오
— 나만의 투자 설계도

"주식 좀 하세요?"라는 질문을 받으면 대부분 특정 종목을 떠올립니다. 삼성전자를 샀다, 테슬라에 투자했다, 이런 식으로요. 하지만 투자 전문가들은 개별 종목보다 '포트폴리오'를 먼저 이야기합니다. 어떤 종목을 샀느냐보다 전체 자산이 어떻게 구성되어 있느냐가 더 중요하기 때문입니다. 포트폴리오란 무엇이고, 왜 그토록 중요한 걸까요?

포트폴리오의 정의

포트폴리오(Portfolio)는 투자자가 보유한 모든 자산의 조합입니다. 원래는 서류 가방이라는 뜻인데, 여러 문서를 한 가방에 담듯이 여러 자산을 한데 묶어 관리한다는 의미로 쓰입니다. 주식만 있는 것이 아니라 채권, 부동산, 현금, 펀드 등 투자자가 가진 모든 자산이 포트폴리오를 구성합니다.

예를 들어 A씨가 삼성전자 주식 1,000만 원, 국채 500만 원, 예금 300만 원, 금 200만 원을 보유하고 있다면, 이 네 가지 자산의 조합이 A씨의 포트폴리오입니다. 비율로 따지면 주식 50%, 채권 25%, 현금 15%, 금 10%의 구성입니다.

왜 개별 종목보다 포트폴리오가 중요한가

개별 종목의 성과는 예측하기 어렵습니다. 아무리 좋은 기업도 갑자기 악재를 만날 수 있고, 평범해 보이던 기업이 갑자기 성장하기도 합니다. 하지만 포트폴리오 전체의 성과는 개별 종목보다 예측이 쉽습니다. 여러 자산이 서로 다른 방향으로 움직이면서 전체적인 변동성이 줄어들기 때문입니다.

투자의 성패는 한두 종목이 아니라 전체 포트폴리오가 결정합니다. 한 종목에서 50%를 벌어도 전체 포트폴리오에서 그 종목이 10%밖에 안 되면 전체 수익은 5%입니다. 반대로 한 종목에서 50%를 잃어도 그 비중이 5%라면 전체 손실은 2.5%에 불과합니다.

연구 결과에 따르면, 투자 수익의 90% 이상이 개별 종목 선택이 아니라 자산 배분에 의해 결정됩니다. 어떤 주식을 샀느냐보다 주식에 얼마를 배분했느냐가 더 중요하다는 뜻입니다. 이것이 투자 전문가들이 포트폴리오를 강조하는 이유입니다.

좋은 포트폴리오의 조건

첫째, 분산이 되어 있어야 합니다. 한 자산에 집중되면 포트폴리오라고 부르기 어렵습니다. 주식만 있다면 채권을, 한국 자산만 있다면 해외 자산을 추가하는 것이 좋습니다. 서로 다르게 움직이는 자산을 담아야 진정한 분산이 됩니다.

둘째, 목적에 맞아야 합니다. 은퇴 자금과 1년 후 결혼 자금은 같은 포트폴리오로 관리하면 안 됩니다. 시간 지평, 위험 감수 능력, 필요한 수익률에 따라 포트폴리오 구성이 달라져야 합니다. 목적 없는 포트폴리오는 방향 없는 항해와 같습니다.

셋째, 단순해야 합니다. 복잡한 포트폴리오는 관리하기 어렵고, 비용도 많이 듭니다. 자산 종류가 너무 많으면 어떤 것이 잘되고 있는지 파악하기도 힘듭니다. 3~5개의 자산으로도 충분히 분산된 포트폴리오를 만들 수 있습니다.

넷째, 내가 이해할 수 있어야 합니다. 남들이 좋다고 하는 상품을 무작정 담으면 안 됩니다. 왜 이 자산을 담았는지, 이 자산이 어떤 상황에서 오르고 내리는지 이해해야 합니다. 이해할 수 없는 포트폴리오는 위기 상황에서 흔들릴 수밖에 없습니다.

포트폴리오를 바라보는 관점

포트폴리오는 하나의 유기체처럼 봐야 합니다. 개별 자산이 아니라 전체를 보는 것입니다. 한 종목이 떨어져도 전체가 괜찮으면 됩니다. 한 종목이 올라도 전체가 흔들리면 문제입니다. 나무가 아니라 숲을 보는 시각이 필요합니다.

수익률도 포트폴리오 전체로 평가해야 합니다. "삼성전자에서 얼마 벌었다."가 아니라 "올해 내 포트폴리오 수익률이 얼마다."로 생각해야 합니다. 개별 종목에 일희일비하면 장기 투자가 어렵습니다.

포트폴리오는 한 번 만들고 끝이 아닙니다. 시장 상황이 변하고, 내 상황도 변합니다. 정기적으로 점검하고, 필요하면 조정해야 합니다. 살아 있는 것처럼 관리해야 한다는 뜻입니다.

초보자를 위한 포트폴리오 시작법

처음부터 완벽한 포트폴리오를 만들려고 하지 마세요. 간단하게 시작해서 점점 발전시키면 됩니다. 가장 쉬운 방법은 전세계 주식 ETF 하나, 채권 ETF 하나로 시작하는 것입니다. 이것만으로도 수천 개의 자산에 분산한 효과가 있습니다.

비중은 자신의 나이와 성향에 맞게 정합니다. 흔히 '100 - 나이'만큼을 주식에 배분하라는 공식이 있습니다. 30세라면 주식 70%, 채권 30%입니다. 물론 이것은 출발점일 뿐, 자신의 상황에 맞게 조정해야 합니다.

중요한 것은 시작하는 것입니다. 완벽한 포트폴리오를 찾다가 시간만 흘려보내는 것보다, 적당히 좋은 포트폴리오로 지금 당장 시작하는 것이 낫습니다. 경험을 쌓으면서 점점 나아지면 됩니다.

핵심 정리

- 포트폴리오는 투자자가 보유한 모든 자산의 조합이다.
- 투자 성과의 90% 이상은 개별 종목이 아니라 자산 배분이 결정한다.
- 좋은 포트폴리오는 분산되어 있고, 목적에 맞고, 단순하며, 이해할 수 있다.
- 개별 종목이 아니라 포트폴리오 전체의 관점에서 투자를 바라봐야 한다.

02

자산배분
— 수익보다 중요한 결정

"어떤 주식을 사야 해요?"라는 질문은 투자에서 가장 흔한 질문입니다. 하지만 전문가들은 이 질문보다 "주식에 얼마나 투자해야 해요?"가 더 중요하다고 말합니다. 어떤 종목을 고르느냐보다 어떤 자산에 얼마를 배분하느냐가 투자 성과를 더 크게 좌우하기 때문입니다. 이것이 바로 자산배분의 핵심입니다.

자산배분의 정의

자산배분(Asset Allocation)은 투자 자금을 여러 자산 클래스에 나누어 배치하는 것입니다. 주식, 채권, 부동산, 현금, 원자재 등 서로 다른 성격의 자산에 비율을 정해 투자하는 전략입니다. 단순히 '이 종목에 얼마'가 아니라 '주식에 몇 %, 채권에 몇 %'를 먼저 결정하는 것입니다.

자산배분은 포트폴리오의 뼈대를 세우는 작업입니다. 집을 지을 때 인테리어보다 기초 공사가 먼저이듯, 투자에서도 종목 선택보다 자산배분이 먼저입니다. 기초가 튼튼해야 집이 무너지지 않듯, 자산배분이 제대로 되어야 포트폴리오가 흔들리지 않습니다.

자산배분이 수익률보다 중요한 이유

1986년 발표된 유명한 연구에 따르면, 포트폴리오 수익률 변동의 91.5%가 자산배분에 의해 설명됩니다. 종목 선택이나 시장 타이밍은 10%도 안 되는 영향을 미칩니다. 이 연구는 이후 여러 차례 재검증되었고, 결론은 변하지 않았습니다. 자산배분이 투자 성과의 대부분을 결정한다는 것입니다.

왜 그럴까요? 주식 시장이 30% 하락하면, 아무리 좋은 종목을 골라도 손실을 피하기 어렵습니다. 하지만 채권에 절반을 배분해 두었다면 전체 손실은 15% 정도로 줄어듭니다. 반대로 주식이 30% 상승할 때 채권만 가지고 있었다면 이 기회를 놓칩니다. 어떤 자산에 얼마를 배분하느냐가 결과를 좌우합니다.

종목 선택은 자산배분의 틀 안에서 작동합니다. 주식 비중이 20%인 사람이 아무리 좋은 주식을 골라도, 주식 비중이 80%인 사람보다 수익이 적을 수 있습니다. 물론 그만큼 위험도 적지만요. 결국 자산배분이 수익과 위험의 큰 그림을 결정합니다.

자산배분의 기본 원리

첫 번째 원리는 자산 클래스마다 특성이 다르다는 것입니다. 주식은 장기적으로 수익률이 높지만 변동성도 큽니다. 채권은 상대적으로 안정적이지만 수익률이 낮습니다. 부동산은 인플레이션에 강하고, 금은 위기 때 가치를 지킵니다. 이렇게 서로 다른 특성의 자산을 조합하면 위험을 줄이면서 수익을 추구할 수 있습니다.

두 번째 원리는 상관관계입니다. 서로 다른 방향으로 움직이는 자산을 함께 담으면 변동성이 줄어듭니다. 주식이 떨어질 때 채권이 오르면, 전체 포트폴리오는 덜 흔들립니다. 상관관계가 낮은 자산끼리 조합하는 것이 효과적인 자산배분의 핵심입니다.

세 번째 원리는 시간에 따라 배분을 조정해야 한다는 것입니다. 젊을 때는 위험을 감수할 여력이 있으므로 주식 비중을 높일 수 있습니다. 나이가 들어 은퇴가 가까워지면 안전 자산 비중을 높여야 합니다. 상황이 바뀌면 자산배분도 바뀌어야 합니다.

대표적인 자산배분 전략

60/40 포트폴리오는 가장 전통적인 자산배분입니다. 주식 60%, 채권 40%로 구성합니다. 수십 년간 검증된 방식으로, 주식의 성장성과 채권의 안정성을 적절히 조합합니다. 시작점으로 삼기에 좋은 기본형입니다.

나이 기반 배분은 '100 - 나이'를 주식 비중으로 삼는 방식입니다. 30세라면 주식 70%, 50세라면 주식 50%입니다. 최근에는 기대수명이 늘어나면서 '110 - 나이' 또는 '120 - 나이'를 쓰기도 합니다. 단순하지만 직관적인 방법입니다.

올웨더(All Weather) 포트폴리오는 레이 달리오가 제안한 방식입니다. 경제가 어떤 상황이든 버틸 수 있도록 주식 30%, 장기채 40%, 중기채 15%, 금 7.5%, 원자재 7.5%로 구성합니다. 수익률보다 안정성에 초점을 맞춘 전략입니다.

영구 포트폴리오는 해리 브라운이 만든 방식으로, 주식, 장기채, 금, 현금에 각각 25%씩 배분합니다. 어떤 경제 상황에서도 최소 하나의 자산이 좋은 성과를 낸다는 아이디어입니다. 극도로 단순하고 관리하기 쉽습니다.

자산배분을 결정하는 요소

투자 기간이 가장 중요합니다. 20년 후를 위한 투자와 3년 후를 위한 투자는 자산배분이 완전히 달라야 합니다. 긴 시간이 있다면 주식 비중을 높여도 됩니다. 단기 자금은 안전 자산 위주로 배분해야 합니다.

위험 감수 능력도 고려해야 합니다. 손실이 나도 생활에 지장이 없는지, 얼마나 버틸 수 있는지에 따라 배분이 달라집니다. 여유 자금이 많고 안정적인 수입이 있다면 공격적으로, 그렇지 않다면 보수적으로 배분합니다.

심리적 성향도 무시할 수 없습니다. 아무리 좋은 자산배분도 버티지 못하면 소용없습니다. 30% 손실을 견딜 수 있다고 생각했지만 실제로 겪으면 패닉에 빠지는 사람이 많습니다. 자신의 진짜 성향을 파악하고 그에 맞게 배분해야 합니다.

핵심 정리

- 자산배분은 투자 자금을 여러 자산 클래스에 나누어 배치하는 것이다.
- 투자 성과의 90% 이상은 종목 선택이 아니라 자산배분에 의해 결정된다.
- 상관관계가 낮은 자산을 조합하면 위험을 줄이면서 수익을 추구할 수 있다.
- 투자 기간, 위험 감수 능력, 심리적 성향에 따라 자산배분을 결정해야 한다.

03

리밸런싱
─ 투자 후에 해야 할 가장 중요한 일

주식 60%, 채권 40%로 포트폴리오를 만들었습니다. 1년이 지났더니 주식이 크게 올라서 이제 주식 75%, 채권 25%가 되었습니다. 기분이 좋으시겠죠? 하지만 이대로 두면 안 됩니다. 원래의 60/40으로 되돌려야 합니다. 왜 잘 나가는 주식을 팔아서 부진한 채권을 사야 할까요? 이것이 리밸런싱의 역설이자 핵심입니다.

리밸런싱의 정의

리밸런싱(Rebalancing)은 시간이 지나면서 변한 자산 비중을 원래 목표로 되돌리는 것입니다. 처음에 정한 자산배분 비율을 유지하기 위해 주기적으로 조정하는 작업입니다. 오른 자산을 팔고, 떨어진 자산을 사서 균형을 맞춥니다.

예를 들어 주식 60%, 채권 40%로 시작했는데 주식이 올라서 70%, 채권이 30%가 되었다면, 주식을 일부 팔고 채권을 사서 다시 60/40으로 맞춥니다. 반대로 주식이 떨어져서 50%가 되면, 채권을 팔고 주식을 사서 60%로 맞춥니다.

왜 리밸런싱이 필요한가

자산배분이 변하면 위험 수준도 변합니다. 주식 비중이 60%에서 75%로 늘었다면, 원래 계획했던 것보다 더 큰 위험에 노출된 것입니다. 시장이 하락하면 예상보다 큰 손실을 볼 수 있습니다. 리밸런싱은 위험을 관리하는 도구입니다.

리밸런싱은 '비싸게 팔고 싸게 사는' 행위이기도 합니다. 오른 자산을 팔고 떨어진 자산을 사는 것이니까요. 시장의 변동성을 수익으로 바꾸는 메커니즘입니다. 물론 매번 그렇게 되는 것은 아니지만, 장기적으로는 수익에 긍정적인 영향을 미칩니다.

심리적인 이점도 있습니다. 리밸런싱은 미리 정한 규칙에 따라 기계적으로 실행합니다. 감정에 휘둘려 추격 매수하거나 공포에 매도하는 것을 방지합니다. 규칙이 있으면 결정이 쉬워집니다.

리밸런싱의 방법

시간 기반 리밸런싱은 정해진 주기마다 조정하는 방식입니다. 1년에 한 번, 분기마다 한 번 등 일정한 간격으로 포트폴리오를 점검하고 원래 비율로 맞춥니다. 단순하고 따르기 쉬운 방법입니다. 연 1회가 가장 일반적입니다.

임계값 기반 리밸런싱은 비중이 일정 수준 이상 벗어나면 조정하는 방식입니다. 예를 들어 목표 비중에서 10%p 이상 차이가 나면 리밸런싱합니다. 60%가 목표인 자산이 70%가 되면 조정하는 식입니다. 시간보다 상황에 맞게 대응할 수 있습니다.

현금흐름을 활용하는 방법도 있습니다. 새로운 돈이 들어올 때 부족한 자산을 사는 방식입니다. 기존 자산을 팔지 않아도 되므로 세금과 비용을 아낄 수 있습니다. 적립식 투자를 하는 사람에게 적합합니다.

리밸런싱의 비용과 고려사항

리밸런싱에는 비용이 따릅니다. 자산을 팔고 살 때마다 거래 비용이 발생합니다. 수익이 난 자산을 팔면 세금을 내야 합니다. 너무 자주 리밸런싱하면 비용이 쌓여서 오히려 손해가 될 수 있습니다.

연구에 따르면 1년에 한 번 정도가 적당합니다. 더 자주 해도 수익에 큰 차이가 없고, 비용만 늘어납니다. 물론 시장이 급변할 때는 예외적으로 점검할 필요가 있습니다. 하지만 일상적으로는 연 1~2회면 충분합니다.

세금 혜택이 있는 계좌(연금저축, IRP 등)에서는 세금 없이 리밸런싱할 수 있습니다. 가능하다면 이런 계좌에서 리밸런싱을 우선적으로 하는 것이 유리합니다.

리밸런싱의 심리적 어려움

리밸런싱은 논리적으로는 쉽지만 감정적으로는 어렵습니다. 잘 나가는 자산을 팔아야 하기 때문입니다. "더 오를 것 같은데."라는 생각이 들고, 떨어지는 자산을 사는 것은 무섭습니다. "더 떨어지면 어떡하지."라는 걱정이 앞섭니다.

이런 심리적 저항을 극복하려면 리밸런싱을 규칙으로 만들어야 합니다. "1월 첫째 주에 리밸런싱한다."처럼 구체적인 날짜를 정합니다. 감정이 개입할 여지를 줄이는 것입니다. 기계적으로 실행할수록 효과가 좋습니다.

리밸런싱이 항상 즉각적인 보상을 주지는 않습니다. 때로는 판 자산이 더 오르고, 산 자산이 더 떨어지기도 합니다. 하지만 장기적으로 보면 리밸런싱은 위험을 줄이고 안정적인 수익을 가져다줍니다. 단기 결과에 흔들리지 않는 것이 중요합니다.

핵심 정리

- 리밸런싱은 변한 자산 비중을 원래 목표로 되돌리는 것이다.
- 오른 자산을 팔고 떨어진 자산을 사서 위험을 관리하고 수익을 추구한다.

- 연 1회 정도가 적당하며, 너무 자주 하면 비용이 늘어난다.
- 규칙을 정하고 기계적으로 실행해야 심리적 저항을 극복할 수 있다.

04
적립식 투자
— 타이밍의 스트레스를 줄이는 방법

"지금 들어가도 될까요?" 투자를 시작하려는 사람들이 가장 많이 하는 질문입니다. 시장이 오르면 '너무 비싼 것 같아서', 시장이 떨어지면 '더 떨어질 것 같아서' 망설입니다. 이 고민을 해결해 주는 것이 적립식 투자입니다. 언제 시작해야 할지 걱정하지 않아도 됩니다.

적립식 투자의 정의

적립식 투자(Dollar Cost Averaging, DCA)는 일정한 금액을 정기적으로 투자하는 방법입니다. 매달 50만 원씩, 매주 10만 원씩 같은 식으로 시장 상황과 관계없이 꾸준히 투자합니다. 가격이 높을 때는 적게 사고, 가격이 낮을 때는 많이 사게 됩니다.

예를 들어 매달 100만 원씩 어떤 펀드에 투자한다고 합시다. 이번 달 가격이 10,000원이면 100좌를 삽니다. 다음 달 가격이 8,000원으로 떨어지면 125좌를 삽니다. 그다음 달 12,000원으로 오르면 83좌를 삽니다. 평균 매입 단가는 자연스럽게 낮아집니다.

적립식 투자의 장점

타이밍 고민에서 벗어납니다. 언제 사야 할지 고민할 필요가 없습니다. 시장이 어떻게 움직이든 정해진 날에 정해진 금액을 투자합니다. 시장 예측에 실패해도 큰 문제가 없습니다. 예측하지 않으니까요.

평균 매입 단가가 낮아집니다. 가격이 낮을 때 더 많이 사게 되므로, 평균 단가가 자연스럽게 내려갑니다. 이것을 '코스트 에버리징 효과'라고 합니다. 물론 시장이 계속 오르기만 하면 이 효과는 줄어들지만, 변동성이 있는 시장에서는 효과적입니다.

감정적 투자를 방지합니다. 시장이 폭락하면 공포에 팔고, 급등하면 탐욕에 삽니다. 이것이 투자 실패의 가장 큰 원인입니다. 적립식 투자는 이런 감정적 결정을 막아 줍니다. 미리 정한 규칙대로 기계적으로 실행하니까요.

습관을 만들어 줍니다. 투자는 한 번의 결정이 아니라 지속적인 행동입니다. 매달 자동으로 투자되게 설정하면, 의지력 없이도 투자가 계속됩니다. 시간이 지나면 의식하지 않아도 자산이 쌓입니다.

적립식 투자 vs 일시 투자

목돈이 있을 때 한 번에 투자하는 것을 일시 투자(Lump Sum Investing)라고 합니다. 역사적으로 보면 일시 투자가 적립식 투자보다 수익이 높은 경우가 많습니다. 시장은 장기적으로 우상향하기 때문에, 일찍 투자할수록 유리하기 때문입니다.

하지만 이것은 결과론입니다. 목돈을 넣자마자 시장이 폭락할 수도 있습니다. 그 충격을 견딜 수 있는 사람은 많지 않습니다. 적립식 투자는 최적의 수익을 주지는 않지만, 심리적으로 버틸 수 있는 방법을 제공합니다.

결론적으로, 이미 목돈이 있고 심리적으로 강하다면 일시 투자가 유리합니다. 하지만 대부분의 사람에게는 적립식이 더 현실적입니다. 무엇보다 적립식은 목돈이 없어도 시작할 수 있습니다. 매달 월급에서 조금씩 투자할 수 있으니까요.

적립식 투자 실행 방법

자동이체를 설정하세요. 월급날 다음 날 자동으로 투자 계좌로 이체되게 합니다. 손에 닿기 전에 먼저 투자하는 것입니다. 이것을 '페이 유어셀프 퍼스트(Pay Yourself First)'라고 합니다. 남은 돈으로 생활하면 자연스럽게 저축이 됩니다.

금액은 부담 없는 수준으로 시작합니다. 처음부터 무리하면 중간에 포기하기 쉽습니다. 10만 원, 20만 원이라도 꾸준히 하는 것이 중요합니다. 나중에 여유가 생기면 금액을 늘리면 됩니다.

투자 대상은 단순하게 유지합니다. 전세계 주식 ETF 하나, 혹은 자산배분 ETF 하나로 충분합니다. 복잡하게 여러 종목에 나눠서 적립하면 관리하기 어렵습니다. 단순해야 오래 유지할 수 있습니다.

하락장에서 멈추지 마세요. 적립식 투자의 진가는 하락장에서 발휘됩니다. 가격이 떨어질 때 더 많이 살 수 있으니까요. 하락장이 오면 오히려 "싸게 살 기회."라고 생각해야 합니다. 물론 말처럼 쉽지는 않지만, 자동이체를 설정해 두면 감정과 무관하게 실행됩니다.

적립식 투자의 한계

시장이 계속 오르기만 하면 적립식이 불리합니다. 일찍 한 번에 투자한 사람보다 수익이 적습니다. 하지만 미래를 알 수 없으니 이것은 결과론입니다.

나쁜 자산에 적립하면 안 됩니다. 적립식이라고 해서 손실을 막아주지는 않습니다. 장기적으로 하락하는 자산에 꾸준히 투자하면 꾸준히 손해를 봅니다. 우상향할 가능성이 높은 자산을 선택해야 합니다.

적립식은 시작일 뿐, 전부가 아닙니다. 자산이 쌓이면 리밸런싱도 해야 하고, 상황에 따라 자산배분도 조정해야 합니다. 적립식으로 시작해서 점점 투자 역량을 키워 가는 것이 좋습니다.

핵심 정리

- 적립식 투자는 일정 금액을 정기적으로 투자하는 방법이다.

- 타이밍 고민, 감정적 투자, 평균 단가 문제를 해결해 준다.

- 자동이체를 설정하고, 부담 없는 금액으로 시작하는 것이 핵심이다.

- 하락장에서 멈추지 말고, 우상향할 자산을 선택해야 한다.

05

가치평가
— 기업의 '적정 가격'을 계산하는 법

마트에서 사과를 살 때 우리는 가격을 봅니다. 비싸면 안 사고, 적당하면 삽니다. 그런데 주식을 살 때는 어떨까요? 많은 사람들이 가격이 오르면 사고, 내리면 팔아 버립니다. 사과 살 때와 정반대입니다. 주식의 '적정 가격'을 모르기 때문입니다. 가치평가는 이 적정 가격을 찾는 과정입니다.

가치평가의 정의

가치평가(Valuation)는 기업이나 자산의 내재적 가치를 추정하는 과정입니다. 현재 시장에서 거래되는 가격이 아니라, 그 자산이 '실제로' 얼마의 가치가 있는지를 계산합니다. 가격은 시장이 정하지만, 가치는 분석으로 찾아야 합니다.

가격과 가치는 다릅니다. 가격은 지금 시장에서 거래되는 금액입니다. 가치는 그 기업이 앞으로 벌어들일 돈의 현재 가치입니다. 가격이 가치보다 낮으면 저평가, 높으면 고평가라고 합니다. 투자자는 저평가된 자산을 사서 가격이 가치에 수렴할 때 수익을 얻습니다.

대표적인 가치평가 지표

PER(Price to Earnings Ratio)은 주가를 주당순이익(EPS)으로 나눈 값입니다. 주가 10,000원인 회사의 EPS가 1,000원이면 PER은 10배입니다. '이익의 10년 치를 주고 이 회사를 산다'는 의미입니다. PER이 낮을수록 저평가, 높을수록 고평가로 봅니다. 하지만 업종마다, 성장성에 따라 적정 PER이 다르므로 단순 비교는 위험합니다.

PBR(Price to Book Ratio)은 주가를 주당순자산가치(BPS)로 나눈 값입니다. 회사를 청산했을 때 주주에게 돌아갈 자산 대비 주가가 얼마인지를 보여 줍니다. PBR 1 미만이면 장부가치보다 싸게 거래되는 것이므로 저평가로 볼 수 있습니다. 하지만 자산가치가 낮은 업종에서는 PBR이 의미가 적습니다.

ROE(Return on Equity)는 자기자본 대비 얼마나 수익을 내는지를 보여 줍니다. ROE가 15%면 100억의 자본으로 15억을 버는 것입니다. ROE가 높으면서 PBR이 낮은 기업은 저평가되었을 가능성이 높습니다.

DCF(Discounted Cash Flow)는 가장 본질적인 가치평가 방법입니다. 기업이 미래에 벌어들일 현금흐름을 예측하고, 이를 현재 가치로 할인합니다. 이론적으로 가장 정확하지만, 미래 예측에 의존하기 때문에 오차가 클 수 있습니다.

가치평가의 한계

가치평가는 과학이 아니라 예술에 가깝습니다. 같은 회사를 분석해도 분석가마다 다른 가치가 나옵니다. 가정을 어떻게 하느냐에 따라 결과가 크게 달라지기 때문입니다. '정확한 가치'는 존재하지 않습니다. 대략적인 범위를 추정하는 것이 목표입니다.

저평가라고 바로 오르지 않습니다. 시장이 그 가치를 인정하기까지 오랜 시간이 걸릴 수 있습니다. "시장은 오래도록 비합리적일 수 있다."라는 케인스의 말처럼, 저평가 상태가 몇 년간 지속되기도 합니다. 인내가 필요합니다.

과거 데이터에 기반합니다. 재무제표는 과거의 기록입니다. 미래에 사업 환경이 변하면 과거의 숫자는 의미가 없어질 수 있습니다. 특히 기술 변화가 빠른 업종에서는 과거 실적이 미래를 보장하지 않습니다.

가치평가를 활용하는 방법

절대적인 기준이 아니라 비교의 도구로 사용합니다. 같은 업종의 경쟁사와 비교하거나, 같은 회사의 과거와 비교합니다. "PER 10이 싼가?"보다 "경쟁사 PER 20인데 이 회사는 왜 10인가?"를 물어야 합니다.

여러 지표를 함께 봅니다. PER만 보면 함정에 빠집니다. 일시적으로 이익이 늘어난 것일 수 있으니까요. PER, PBR, ROE, 성장률, 부채비율 등을 종합적으로 판단해야 합니다.

안전마진을 확보합니다. 내가 계산한 가치가 10,000원이라면 8,000원, 7,000원에 사는 것입니다. 계산이 틀릴 수 있으므로 여유를 두는 것입니다. 이것이 벤저민 그레이엄이 강조한 '안전마진(Margin of Safety)'입니다.

초보자는 개별 종목 가치평가보다 시장 전체의 가치평가에 관심을 가지는 것이 좋습니다. KOSPI나 S&P500 전체의 PER, PBR을 보면 시장이 전반적으로 비싼지 싼지 감을 잡을 수 있습니다. 이것만으로도 무모한 투자를 피할 수 있습니다.

핵심 정리

- 가치평가는 기업의 내재적 가치를 추정하는 과정이다.
- PER, PBR, ROE, DCF 등 다양한 방법이 있으며, 종합적으로 판단해야 한다.
- 가치평가는 정확한 숫자가 아니라 대략적인 범위를 찾는 것이다.
- 안전마진을 확보하여 계산 오류에 대비해야 한다.

06

모멘텀 투자
— 흐름을 타는 전략

"오르는 종목에 올라타라." 이 말을 들으면 뭔가 위험하게 느껴집니다. 이미 오른 걸 사면 꼭대기에서 물리는 것 아닌가요? 하지만 연구에 따르면 최근 오른 주식이 당분간 계속 오르는 경향이 있습니다. 이것을 활용하는 것이 모멘텀 투자입니다. 단, 제대로 이해하고 사용해야 합니다.

모멘텀 투자의 정의

모멘텀(Momentum)은 물리학에서 온 용어로, 움직이는 물체가 계속 움직이려는 경향을 말합니다. 투자에서 모멘텀은 가격이 오르거나 내리는 추세가 일정 기간 지속되는 현상입니다. 모멘텀 투자는 이 추세를 따라가는 전략입니다.

구체적으로는 최근 수익률이 높은 자산을 사고, 수익률이 낮은 자산을 피하거나 공매도합니다. 보통 3개월, 6개월, 12개월 등의 기간을 기준으로 삼습니다. 지난 12개월 수익률 상위 종목을 사서 보유하다가 순위가 바뀌면 교체하는 식입니다.

모멘텀이 작동하는 이유

투자자들의 심리 때문입니다. 좋은 뉴스가 나오면 처음에는 일부 투자자만 반응합니다. 정보가 퍼지면서 점점 더 많은 사람이 사기 시작합니다. 이 과정에서 가격이 계속 오릅니다. 나쁜 뉴스도 마찬가지로 천천히 반영됩니다.

기관투자자의 행태도 영향을 미칩니다. 펀드매니저들은 성과가 좋은 종목을 계속 사고, 나쁜 종목을 계속 팝니다. 분기말에 성적표를 보여 줘야 하니까요. 이런 집단적 행동이 모멘텀을 강화합니다.

실적 추세도 원인입니다. 좋은 실적을 낸 기업은 다음 분기에도 좋은 실적을 낼 가능성이 높습니다. 사업의 성과는 갑자기 변하지 않으니까요. 실적이 좋으면 주가가 오르고, 주가가 오르면 더 많은 관심을 받습니다.

모멘텀 투자의 증거

모멘텀 효과는 학계에서 가장 많이 검증된 이상 현상 중 하나입니다. 미국뿐 아니라 전세계 시장에서, 주식뿐 아니라 채권, 원자재, 통화에서도 모멘텀 효과가 발견되었습니다.

연구에 따르면 지난 12개월 수익률 상위 종목을 사서 1개월 보유하면 시장 평균을 웃도는 수익을 냅니다. 이 초과수익이 오래 지속되었습니다. 단, 최근 1개월은 제외하는 것이 일반적입니다. 직전 1개월은 오히려 반전 효과가 나타나기 때문입니다.

모멘텀 투자의 위험

모멘텀은 갑자기 무너집니다. 모멘텀 크래시(Momentum Crash)라고 부르는 현상입니다. 시장이 급락한 후 급반등할 때, 그동안 떨어졌던 종목이 급등하고 올랐던 종목이 급락합니다. 2009년 초가 대표적입니다. 모멘텀 전략이 며칠 만에 엄청난 손실을 본 사례입니다.

거래 비용이 많이 듭니다. 모멘텀 전략은 종목을 자주 교체합니다. 매번 사고팔 때마다 수수료와 세금이 발생합니다. 비용을 고려하면 초과수익이 크게 줄어들 수 있습니다.

추격 매수와 구분해야 합니다. '오르니까 산다'는 생각으로 근거 없이 따라가는 것은 모멘텀 투자가 아닙니다. 모멘텀 투자는 명확한 기준과 규칙에 따라 실행하는 체계적인 전략입니다. 감에 의존하는 추격 매수와는 전혀 다릅니다.

모멘텀을 활용하는 방법

개인투자자가 모멘텀을 직접 실행하기는 어렵습니다. 종목 선정, 정기적 리밸런싱, 비용 관리 등 신경 쓸 것이 많습니다. 모멘텀 팩터 ETF를 활용하는 것이 현실적입니다. 모멘텀 지수를 추종하는 ETF에 투자하면 간편하게 모멘텀 효과를 누릴 수 있습니다.

자산배분에도 모멘텀을 활용할 수 있습니다. 여러 자산 클래스 중 최근 수익률이 좋은 자산에 투자하는 방식입니다. 이것을 전술적 자산배분이라고 합니다. 주식이 잘 나갈 때는 주식에, 채권이 잘 나갈 때는 채권에 비중을 높입니다.

가치투자와 결합하면 더 효과적입니다. 저평가된 종목 중에서 모멘텀이 살아 있는 종목을 고르는 것입니다. 싸면서 오르고 있는 종목이 가장 좋습니다.

핵심 정리

- 모멘텀 투자는 가격 추세가 지속되는 현상을 활용하는 전략이다.
- 학계에서 검증된 효과이지만, 갑자기 무너지는 위험이 있다.
- 감에 의존하는 추격 매수와 체계적인 모멘텀 전략은 다르다.
- 개인투자자는 모멘텀 ETF를 활용하는 것이 현실적이다.

07

시장 타이밍
— 맞히기 어려운 이유

"바닥에서 사서 꼭대기에서 팔아야지." 누구나 이런 생각을 합니다. 그리고 누구나 실패합니다. 시장 타이밍을 맞히는 것이 가능하다면 모두가 부자가 되었겠죠. 하지만 현실은 그렇지 않습니다. 왜 시장 타이밍이 그토록 어려운지, 그리고 어떻게 대응해야 하는지 알아봅시다.

시장 타이밍이란

시장 타이밍(Market Timing)은 시장의 방향을 예측하여 저점에 사고 고점에 파는 전략입니다. 주가가 오를 것 같으면 주식을 사고, 내릴 것 같으면 현금으로 빠지는 것입니다. 이론적으로는 완벽한 전략입니다. 문제는 실행이 거의 불가능하다는 것입니다.

시장 타이밍을 시도하는 사람들은 경제 지표, 기술적 분석, 심리 지표 등 다양한 도구를 사용합니다. 하지만 이 중 어떤 것도 일관되게 시장 방향을 맞히지 못했습니다. 과거에 맞았던 지표가 미래에도 맞을 거라는 보장이 없습니다.

시장 타이밍이 어려운 이유

시장은 예측 불가능합니다. 미래를 알 수 있는 사람은 없습니다. 경제학자, 펀드매니저, 유명 투자자 모두 예측에 실패한 사례가 셀 수 없이 많습니다. 1987년 블랙먼데이, 2008년 금융위기, 2020년 코로나 폭락 중 어느 것도 미리 예측한 사람은 거의 없었습니다.

두 번 맞혀야 합니다. 팔 때와 살 때, 두 번 모두 맞혀야 성공입니다. 위기를 피해서 팔았어도, 다시 들어갈 타이밍을 놓치면 소용없습니다. 많은 사람들이 2020년 3월 바닥에서 팔고, 이후의 급등을 놓쳤습니다.

좋은 날을 놓치면 치명적입니다. 주식시장 수익의 상당 부분은 소수의 아주 좋은 날에 발생합니다. 연구에 따르면 25년간 S&P500 최고의 날 10일을 놓치면 총수익이 절반으로 줄어듭니다. 이 10일이 언제인지는 아무도 모릅니다. 시장을 떠나 있으면 이 날들을 놓칠 가능성이 큽니다.

감정이 방해합니다. 바닥에서는 공포가, 꼭대기에서는 탐욕이 지배합니다. 바닥에서 사라고 하지만, 바닥일 때는 무서워서 못 삽니다. 꼭대기에서 팔라고 하지만, 꼭대기일 때는 더 오를 것 같아서 못 팝니다. 감정과 반대로 행동해야 하는데, 이것이 보통 어려운 일이 아닙니다.

시장 타이밍 실패의 데이터

연구 결과는 명확합니다. 달바(DALBAR)의 연례 보고서에 따르면, 개인투자자의 평균 수익률은 시장 평균보다 훨씬 낮습니다. 20년 동안 S&P500이 연 7.7%를 오를 때, 개인투자자는 연 4.3%를 벌었습니다. 이 차이의 가장 큰 원인이 잘못된 타이밍입니다.

펀드 수익률과 투자자 수익률의 차이도 비슷합니다. 펀드 자체의 수익률보다 그 펀드에 투자한 사람들의 평균 수익률이 낮습니다. 사람들이 펀드가 오르면 돈을 넣고, 떨어지면 빼기 때문입니다. 고점에서 사고 저점에서 팔면 당연히 수익이 줄어듭니다.

전문가들도 크게 다르지 않습니다. 시장 타이밍 예측으로 유명한 전문가들의 적중률을 추적해 보면 동전 던지기보다 나을 것이 없습니다. 심지어 동전보다 못한 경우도 많습니다. 전문가의 예측을 무조건 믿고 따라 하면 안 되는 이유입니다.

시장 타이밍 대신 해야 할 것

시간을 시장에 두세요. "Time in the market beats timing the market." 시장에 머무르는 시간이 시장 타이밍을 이긴다는 뜻입니다. 언제 들어가느냐보다 얼마나 오래 있느냐가 중요합니다. 장기적으로 시장은 우상향합니다.

적립식으로 투자하세요. 타이밍을 맞히려 하지 말고, 정기적으로 투자하세요. 고점이든 저점이든 꾸준히 투자하면 평균 단가가 자연스럽게 낮아집니다. 타이밍 고민에서 자유로워집니다.

자산배분에 집중하세요. 타이밍보다 자산배분이 수익에 미치는 영향이 훨씬 큽니다. 주식에 얼마, 채권에 얼마를 배분할지 고민하는 것이 언제 사고팔지 고민하는 것보다 가치 있습니다.

감정을 관리하세요. 시장이 급락해도 당황하지 말고, 급등해도 흥분하지 마세요. 미리 정한 계획을 따르세요. 감정에 휘둘려 결정하면 대부분 후회합니다.

핵심 정리

- 시장 타이밍은 저점에 사고 고점에 파는 전략이지만, 실행이 거의 불가능하다.
- 좋은 날을 놓치면 장기 수익이 크게 줄어든다.
- 전문가도 타이밍을 맞히지 못한다는 것이 데이터로 증명되었다.
- 타이밍 대신 시장에 오래 머무르는 것이 더 효과적이다.

08

패시브 투자
— 시장을 이기는 대신 시장이 되는 법

"시장 평균이면 충분해요." 이 말이 체념으로 들릴 수도 있습니다. 하지만 실은 가장 현명한 전략입니다. 대부분의 펀드매니저가 시장 평균을 이기지 못합니다. 그렇다면 애써 이기려 하지 말고 시장 평균을 따라가는 것이 낫지 않을까요? 이것이 패시브 투자의 핵심 아이디어입니다.

패시브 투자의 정의

패시브 투자(Passive Investing)는 시장 지수를 그대로 추종하는 투자 방식입니다. S&P500 지수를 추종하면 S&P500에 포함된 500개 기업에 분산 투자한 것과 같습니다. 시장 전체를 사는 것이라고 생각하면 됩니다.

인덱스 펀드나 ETF가 대표적인 패시브 투자 상품입니다. 펀드매니저가 종목을 고르는 것이 아니라, 지수에 포함된 종목을 지수 비중대로 담습니다. 운용이 단순하므로 비용이 매우 낮습니다.

왜 시장 평균이 충분한가

대부분의 펀드매니저가 시장을 이기지 못합니다. SPIVA 보고서에 따르면, 15년 동안 약 90%의 미국 주식형 펀드가 S&P500 지수에 뒤졌습니다. 한국도 비슷합니다. 전문가도 시장을 이기기 어렵다면, 개인 투자자가 이길 확률은 더 낮습니다.

비용 차이가 큽니다. 액티브 펀드의 운용보수는 보통 연 1~2%입니다. 인덱스 펀드는 0.1% 미만인 경우도 많습니다. 매년 1%씩 차이가 나면 30년 후에는 엄청난 격차가 됩니다. 비용만큼 확실한 수익 요인은 없습니다.

시장 평균도 충분히 좋습니다. S&P500의 장기 평균 수익률은 연 약 10%입니다. 물가를 반영해도 연 7% 정도입니다. 이 정도면 30년 후 자산이 7배 이상으로 불어납니다. 시장 평균이 결코 평범한 성과가 아닙니다.

패시브 투자의 장점

비용이 저렴합니다. 패시브 펀드의 운용보수는 액티브 펀드의 10분의 1 수준입니다. 비용 절감은 곧 수익 증가입니다.

분산이 자동으로 됩니다. 지수 하나만 사도 수백, 수천 개 종목에 분산됩니다. 개별 기업의 위험에서 벗어날 수 있습니다. 한 기업이 망해도 전체 지수에 미치는 영향은 미미합니다.

시간이 절약됩니다. 종목을 분석하고 골라야 하는 번거로움이 없습니다. 투자에 많은 시간을 쓸 수 없는 사람에게 이상적입니다. 그 시간에 다른 가치 있는 일을 할 수 있습니다.

행동적 실수가 줄어듭니다. 종목을 고르지 않으니 잘못된 종목을 고를 일이 없습니다. 사고팔지 않으니 잘못된 타이밍에 거래할 일이 없습니다. 투자자의 가장 큰 적인 자신으로부터 보호받습니다.

패시브 투자의 한계

시장 전체가 하락하면 같이 하락합니다. 분산이 되어 있어도 시장 리스크는 피할 수 없습니다. 2008년 금융위기 때 S&P500이 50% 가까이 빠졌고, 인덱스 펀드도 똑같이 빠졌습니다.

초과수익은 기대하기 어렵습니다. 정의상 시장 평균을 따라가므로, 시장을 이기는 것은 불가능합니다. "나는 남들보다 더 잘할 수 있다."라고 생각하는 사람에게는 답답할 수 있습니다.

지수에 포함된 종목만 삽니다. 지수에서 빠진 기업, 작은 기업은 투자 대상이 아닙니다. 물론 다양한 지수를 추종하는 상품이 있어서 선택의 폭은 넓습니다.

패시브 투자 실행법

전세계 주식에 투자하는 ETF 하나로 시작해도 충분합니다. 미국, 유럽, 일본, 신흥국까지 모두 담긴 상품이 있습니다. 이것 하나로 전세계 수천 개 기업에 분산 투자하는 효과가 있습니다.

조금 더 정교하게 하려면 주식 ETF와 채권 ETF를 조합합니다. 6:4, 7:3 등 자신에게 맞는 비율로 섞습니다. 정기적으로 리밸런싱해서 비율을 유지합니다.

비용을 확인하세요. 같은 지수를 추종해도 상품마다 비용이 다릅니다. 0.1%와 0.5%의 차이는 장기적으로 큽니다. 가능한 한 비용이 낮은 상품을 선택하세요.

핵심 정리

- 패시브 투자는 시장 지수를 그대로 추종하는 방식이다.
- 많은 펀드매니저가 시장을 이기지 못하므로, 시장 평균도 충분하다.
- 저렴한 비용, 자동 분산, 시간 절약이 패시브 투자의 장점이다.
- 인덱스 펀드나 ETF로 쉽게 실행할 수 있다.

09

액티브 투자
― 초과수익의 대가

"그래도 나는 시장을 이기고 싶어요." 패시브 투자의 장점을 알면서도 이런 마음이 드는 것은 자연스럽습니다. 시장보다 더 좋은 성과를 내려는 노력, 이것이 액티브 투자입니다. 누군가는 성공하고 누군가는 실패합니다. 액티브 투자가 무엇이고, 어떤 대가가 따르는지 알아봅시다.

액티브 투자의 정의

액티브 투자(Active Investing)는 시장 평균을 넘어서는 초과수익을 추구하는 투자 방식입니다. 펀드매니저나 투자자가 직접 종목을 분석하고 선택합니다. 어떤 종목이 다른 종목보다 더 좋은 성과를 낼지 판단하는 것입니다.

액티브 투자자는 시장이 비효율적이라고 믿습니다. 모든 정보가 즉

시 가격에 반영되지 않기 때문에, 분석을 통해 저평가된 종목을 찾거나 고평가된 종목을 피할 수 있다고 생각합니다. 이 비효율성을 이용해 초과수익을 노립니다.

액티브 투자의 방법

기본적 분석은 기업의 재무제표, 사업 모델, 경쟁력, 산업 전망 등을 분석합니다. 기업의 내재 가치를 계산하고, 현재 주가와 비교하여 저평가된 종목을 찾습니다. 워런 버핏으로 대표되는 가치투자가 대표적입니다.

기술적 분석은 과거의 가격과 거래량 패턴을 분석합니다. 차트에서 반복되는 패턴을 찾아 미래 가격을 예측합니다. 기업의 본질적 가치보다 가격 움직임 자체에 집중합니다.

퀀트 투자는 데이터와 알고리즘을 활용합니다. 사람의 판단이 아니라 컴퓨터가 규칙에 따라 종목을 선정합니다. 대량의 데이터에서 패턴을 찾아 투자합니다.

액티브 투자의 비용

운용 비용이 높습니다. 분석가를 고용하고, 리서치를 하고, 거래를 실행하는 데 비용이 듭니다. 액티브 펀드의 평균 운용보수는 패시브 펀드의 10배가 넘습니다. 이 비용은 투자금액에서 빠져나갑니다.

거래 비용도 많습니다. 종목을 자주 바꾸면 수수료와 세금이 쌓입니다. 패시브 펀드는 지수 변경이 아니면 거래가 별로 없지만, 액티브 펀드는 수시로 거래합니다.

시간과 노력이 듭니다. 개인이 액티브 투자를 하려면 많은 공부가 필요합니다. 재무제표 분석, 산업 이해, 경제 공부 등 투자에 쏟는 시간이 만만치 않습니다. 본업이 따로 있는 사람에게는 부담입니다.

액티브 투자의 현실

대부분의 액티브 펀드가 시장을 이기지 못합니다. 앞서 말한 것처럼 15년 동안 약 90%의 펀드가 지수에 뒤졌습니다. 그리고 과거에 시장을 이긴 펀드가 미래에도 이길 거라는 보장이 없습니다. 성과의 지속성이 낮습니다.

하지만 10%는 이깁니다. 워런 버핏, 피터 린치 같은 전설적인 투자자가 실제로 존재합니다. 문제는 사전에 누가 이길지 알 수 없다는 것입니다. 과거 성과로 미래를 예측하기 어렵습니다.

개인투자자에게는 더 어렵습니다. 정보력, 분석력, 실행력 모든 면에서 기관투자자에 비해 불리합니다. 풀타임으로 투자만 하는 전문가도 시장을 이기기 어려운데, 시간이 부족한 개인이 이기기는 더 어렵습니다.

액티브 투자를 하려면

본인의 강점이 있어야 합니다. 특정 산업에 대한 깊은 이해, 남들이 모르는 정보 접근성, 뛰어난 분석 능력 등 남과 다른 무언가가 필요합니다. 그냥 "열심히 하면 되겠지."로는 부족합니다.

비용을 통제해야 합니다. 액티브 투자를 해도 비용이 낮아야 수익이 남습니다. 직접 투자하면 펀드 운용보수는 아낄 수 있지만, 거래 비용과 세금은 여전히 신경 써야 합니다.

기준을 세우고 평가해야 합니다. 내 액티브 투자가 시장 평균을 이기고 있는지 정기적으로 확인해야 합니다. 비용을 빼고도 이기지 못한다면, 차라리 패시브로 전환하는 것이 현명합니다.

전체가 아닌 일부로 시도하는 것도 방법입니다. 포트폴리오의 80%는 패시브로, 20%만 액티브로 운용합니다. 핵심은 시장 평균으로 지키면서, 일부로 초과수익을 노리는 것입니다. 실패해도 전체에 미치는 영향이 제한됩니다.

핵심 정리

- 액티브 투자는 시장 평균을 넘는 초과수익을 추구한다.
- 대부분의 액티브 펀드가 장기적으로 시장을 이기지 못한다.
- 높은 비용, 시간, 노력이 필요하며 성공이 보장되지 않는다.
- 하려면 본인만의 강점이 있어야 하고, 성과를 정기적으로 평가해야 한다.

10
장기 전략과 단기 전략
— 목표에 따라 달라지는 투자

"장기 투자가 좋아요, 단기 투자가 좋아요?" 이 질문에 대한 정답은 "상황에 따라 다릅니다."입니다. 20년 후 은퇴 자금과 1년 후 결혼 자금은 같은 전략으로 운용하면 안 됩니다. 장기와 단기, 각각의 전략이 어떻게 다르고 언제 적합한지 알아봅시다.

시간 지평에 따른 전략 구분

장기 전략은 보통 10년 이상의 시간 지평을 가집니다. 은퇴 자금, 자녀 교육비 등이 해당합니다. 충분한 시간이 있으므로 변동성을 감수하고 높은 수익을 추구할 수 있습니다. 복리 효과가 충분히 작용할 시간이 있습니다.

중기 전략은 3~10년 정도입니다. 주택 구입 자금, 사업 자금 등이 해당합니다. 어느 정도 성장을 추구하면서도 큰 손실은 피해야 합니다. 주식과 채권을 적절히 혼합하는 것이 일반적입니다.

단기 전략은 3년 이내입니다. 결혼 자금, 비상 자금, 여행 경비 등이 해당합니다. 원금 보존이 최우선입니다. 변동성이 큰 자산은 피하고 예금, 단기채 등 안전한 곳에 둡니다.

장기 전략의 특징

주식 비중을 높일 수 있습니다. 단기적으로 주식은 위험하지만, 장기적으로는 대부분의 자산 중 가장 높은 수익을 냅니다. 20년 이상의 시간이 있다면 주식 위주의 포트폴리오가 합리적입니다.

변동성을 견딜 여유가 있습니다. 시장이 50% 폭락해도 회복할 시간이 충분합니다. 역사적으로 주식시장은 어떤 폭락에서도 결국 회복했습니다. 시간이 내 편입니다.

복리 효과가 극대화됩니다. 30년간 연 8%로 투자하면 원금이 10배가 됩니다. 10년이면 2배밖에 안 됩니다. 시간이 길수록 복리의 마법이 빛납니다.

세금 혜택도 누릴 수 있습니다. 연금저축, IRP 등 장기 투자에 유리한 세제 혜택 상품이 있습니다.

단기 전략의 특징

원금 보존이 핵심입니다. 1년 후에 쓸 돈이 1년 사이에 30% 줄어들면 큰 문제입니다. 수익보다 안전이 중요합니다.

유동성이 높아야 합니다. 필요할 때 바로 꺼낼 수 있어야 합니다. 부동산이나 만기가 긴 채권은 적합하지 않습니다.

예금, MMF, 단기채 등이 적합합니다. 수익률은 낮지만 확실합니다. 물가상승률을 조금 넘기는 것을 목표로 합니다.

변동성 높은 자산은 피합니다. 주식, 암호화폐 같은 것은 단기에 큰 손실을 볼 수 있습니다. 단기 자금으로는 부적합합니다.

목표에 따른 계좌 분리

목표별로 계좌를 분리하는 것이 좋습니다. 은퇴 자금, 주택 자금, 비상 자금을 한 계좌에서 관리하면 혼란스럽습니다. 각 목표에 맞는 전략을 적용하기 어렵습니다.

비상 자금은 언제든 꺼낼 수 있는 예금에 둡니다. 3~6개월치 생활비가 적당합니다. 절대 무리하게 투자하면 안 됩니다.

중기 목표 자금은 별도 계좌에서 관리합니다. 주식과 채권을 적절히 섞되, 목표 시점이 가까워지면 안전 자산 비중을 높입니다.

장기 투자 자금은 연금저축이나 IRP를 활용합니다. 세제 혜택을 받으면서 장기적으로 운용합니다. 중도 인출이 어려우니 정말 장기 자금만 넣습니다.

전략 전환의 타이밍

시간이 지나면 장기가 단기가 됩니다. 30년 후를 위한 투자도 20년이 지나면 10년 남습니다. 목표 시점이 가까워지면 전략을 조정해야 합니다.

일반적으로 목표 시점 10년 전부터 주식 비중을 줄이기 시작합니다. 5년 전에는 상당 부분을 채권으로, 1~2년 전에는 대부분을 안전 자산으로 옮깁니다. 급격하게 바꾸지 말고 점진적으로 조정합니다.

라이프사이클 펀드(TDF)는 이 과정을 자동으로 해 줍니다. 목표 시점을 정하면 펀드가 알아서 자산배분을 조정합니다. 번거로움 없이 전환을 원하는 사람에게 좋습니다.

핵심 정리

- 투자 전략은 목표 시점에 따라 장기, 중기, 단기로 나눈다.
- 장기 전략은 주식 비중을 높이고, 단기 전략은 원금 보존에 집중한다.
- 목표별로 계좌를 분리하여 각각에 맞는 전략을 적용한다.
- 목표 시점이 가까워지면 점진적으로 안전 자산 비중을 높인다.

Chapter 7

돈보다 중요한 투자자의
태도와 원칙

— 결국 투자의 성과를 결정하는 것들

INVESTMENT

01

투자 원칙
— 흔들리지 않는 기준의 필요성

"이번엔 다를 거야." 투자에서 가장 위험한 말 중 하나입니다. 시장이 급등하면 원칙을 버리고 추격 매수를 하고, 시장이 폭락하면 공포에 휩싸여 바닥에서 팔아 버립니다. 매번 '이번엔 다르다'고 스스로를 합리화하지만, 결과는 늘 비슷합니다. 원칙 없는 투자는 흔들리는 배와 같습니다. 파도가 잔잔할 때는 문제가 없지만, 폭풍이 치면 방향을 잃습니다.

투자 원칙의 정의

투자 원칙(Investment Principle)은 투자 의사결정의 기준이 되는 일관된 규칙입니다. 언제 사고, 언제 팔며, 얼마를 투자할 것인지에 대한 명확한 지침입니다. 감정이나 상황에 휘둘리지 않고 객관적으로 행동할 수 있게 해 주는 나침반과 같습니다.

원칙은 거창할 필요가 없습니다. "이해하지 못하는 것에는 투자하지 않는다.", "한 종목에 전체 자산의 10% 이상 넣지 않는다.", "손실이 20%를 넘으면 반드시 점검한다." 같은 단순한 규칙이면 충분합니다. 중요한 것은 원칙이 있느냐 없느냐입니다.

원칙이 필요한 이유

인간은 감정의 동물입니다. 주가가 오르면 욕심이 생기고, 떨어지면 두려워집니다. 이런 감정은 본능이어서 통제하기 어렵습니다. 원칙은 감정이 지배하는 순간에 이성의 역할을 대신합니다. 미리 정해 둔 규칙대로 행동하면 충동적인 결정을 피할 수 있습니다.

일관성도 원칙이 주는 선물입니다. 오늘은 이렇게, 내일은 저렇게 투자하면 무엇이 효과가 있고 없는지 알 수 없습니다. 일관된 원칙을 따르면 시간이 지나면서 그 원칙이 유효한지 검증할 수 있습니다. 원칙이 틀렸다면 수정하면 됩니다.

심리적 부담도 줄어듭니다. 매번 새로운 결정을 내리는 것은 에너지가 많이 드는 일입니다. 원칙이 있으면 복잡한 상황에서도 무엇을 해야 하는지 명확해집니다. 결정 피로가 줄고, 투자에 대한 스트레스도 낮아집니다.

좋은 원칙의 조건

먼저 구체적이어야 합니다. '리스크를 관리한다'는 원칙은 모호합니다. "한 종목에 500만 원 이상 투자하지 않는다."는 구체적입니다. 원칙이 구체적이어야 실제 상황에서 적용할 수 있습니다.

실행 가능해야 합니다. "항상 바닥에서 사고 꼭대기에서 판다."는 불가능한 원칙입니다. 아무도 바닥과 꼭대기를 알 수 없습니다. 원칙은 현실적으로 지킬 수 있는 것이어야 합니다.

자신에게 맞아야 합니다. 공격적인 성향의 사람이 "절대 주식을 사지 않는다."는 원칙을 세우면 금방 어기게 됩니다. 자신의 성향, 상황, 목표에 맞는 원칙이어야 지속할 수 있습니다.

원칙을 지키는 방법

글로 적어 두는 것이 첫 번째입니다. 머릿속 원칙은 상황에 따라 변형되기 쉽습니다. 종이나 메모장에 적어 두면 흔들릴 때 꺼내 볼 수 있습니다. 적는 행위 자체가 원칙을 더 명확하게 만들어 줍니다.

자동화할 수 있으면 자동화합니다. 매달 자동이체로 적립식 투자를 하면, 의지의 개입 없이 원칙을 지킬 수 있습니다. 손절 라인을 미리 설정해 두는 것도 방법입니다.

예외를 허용하지 않는 것도 중요합니다. '이번만 예외'가 반복되면 원칙은 없는 것과 같습니다. 원칙을 바꾸고 싶으면 충분히 검토한 후

공식적으로 수정해야 합니다. 순간의 감정으로 예외를 만들면 안 됩니다.

- 투자 원칙은 감정에 휘둘리지 않게 해 주는 의사결정의 기준이다.
- 좋은 원칙은 구체적이고, 실행 가능하며, 자신에게 맞아야 한다.
- 원칙은 글로 적어 두고, 가능하면 자동화하며, 예외를 두지 않아야 한다.
- 원칙 없는 투자는 나침반 없는 항해와 같다.

02

시간 관리
— 투자에서 가장 공평한 자원

누군가는 종잣돈이 많고, 누군가는 적습니다. 누군가는 금융 지식이 풍부하고, 누군가는 처음 시작합니다. 하지만 시간만큼은 모두에게 똑같이 주어집니다. 하루 24시간, 1년 365일. 투자에서 시간은 돈으로 살 수 없는 유일한 자원입니다. 이 시간을 어떻게 쓰느냐가 투자의 성패를 가릅니다.

투자와 시간의 관계

투자에서 시간은 두 가지 의미가 있습니다. 하나는 복리가 작용하는 기간으로서의 시간입니다. 앞서 복리 챕터에서 살펴봤듯이, 시간이 길수록 수익은 기하급수적으로 늘어납니다. 10년과 30년의 차이는 산술적인 3배가 아닙니다.

다른 하나는 투자 활동에 쓰는 시간입니다. 공부하고, 분석하고, 시장을 관찰하는 데 들이는 시간입니다. 이 시간은 무조건 많다고 좋은 것이 아닙니다. 효율적으로 사용해야 합니다.

시간의 기회비용

직장인이 매일 3시간씩 주식 차트를 분석한다고 합시다. 한 달이면 90시간입니다. 이 시간에 자기계발을 했다면? 가족과 함께했다면? 부업을 했다면? 투자에 쓰는 시간도 기회비용이 있습니다.

특히 본업이 있는 사람이라면 시간 배분이 중요합니다. 투자 수익보다 본업의 성장이 더 큰 수익을 가져다줄 수 있습니다. 월급이 10% 오르는 것과 투자 수익률 10%는 전혀 다른 의미입니다. 시간을 어디에 쓸지 전략적으로 판단해야 합니다.

시간 투자의 효율

투자에 쓰는 시간과 수익률이 비례하지 않습니다. 하루 1시간 투자 공부를 하는 사람이 하루 8시간 모니터를 보는 사람보다 수익률이 높은 경우가 많습니다. 오히려 너무 많은 시간을 쓰면 과잉 거래, 충동적 판단의 함정에 빠지기 쉽습니다.

가장 효율적인 시간 사용은 기초를 다지는 데 있습니다. 투자의 원리, 금융 상품의 구조, 경제의 기본 흐름을 이해하는 것이 먼저입니다.

기초가 튼튼하면 이후의 판단이 빨라집니다. 기초 없이 매일 뉴스만 쫓아다니면 시간 대비 효율이 떨어집니다.

시간을 절약하는 투자 전략

패시브 투자는 시간을 아끼는 가장 효과적인 방법입니다. 시장 전체를 추종하는 인덱스 펀드나 ETF에 투자하면 개별 종목을 분석할 필요가 없습니다. 역사적으로 패시브 투자는 대부분의 액티브 투자자보다 나은 성과를 보여 왔습니다.

적립식 투자도 시간을 줄여 줍니다. 매달 정해진 날 자동으로 투자되게 설정하면, 타이밍을 고민할 필요가 없습니다. 언제 사야 할지 매번 결정하는 것은 시간과 에너지를 소모합니다.

정보 소비를 제한하는 것도 방법입니다. 뉴스, SNS, 투자 커뮤니티를 수시로 확인하면 시간이 사라집니다. 정보는 정해진 시간에 정해진 양만 소비합니다. 더 많은 정보가 더 좋은 결정을 보장하지 않습니다.

시간의 힘을 믿는 자세

투자에서 시간은 가장 강력한 무기입니다. 복리 효과, 시장의 회복력, 경제의 성장 모두 시간이 있어야 작동합니다. 조급해하면 시간을 적으로 만들고, 인내하면 시간을 아군으로 만듭니다.

시간에 투자한다는 마음으로 접근해 보세요. 오늘의 노력이 내일 바로 결실을 맺지 않아도 괜찮습니다. 씨앗을 심고 물을 주면 나무는 자랍니다. 조급하게 뿌리를 캐지 않는 것이 중요합니다.

핵심 정리

- 시간은 모두에게 공평하게 주어지는 유일한 자원이다.
- 투자에 쓰는 시간과 수익률은 비례하지 않는다.
- 패시브 투자, 적립식 투자, 정보 제한으로 시간을 절약할 수 있다.
- 시간을 아군으로 삼으려면 조급함을 버려야 한다.

03

기록의 힘
— 투자 일지가 남기는 차이

"왜 그때 그 주식을 샀지?" 1년 전 매매 내역을 보면서 이렇게 생각한 적 있으신가요? 기억은 편의대로 왜곡됩니다. 성공한 투자는 더 좋게, 실패한 투자는 애써 합리화합니다. 기록만이 진실을 말해 줍니다. 투자 일지를 쓰는 것은 과거의 나와 대화하고, 미래의 나를 가르치는 행위입니다.

투자 기록의 정의

투자 기록(Investment Journal)은 투자와 관련된 모든 행위와 생각을 문서화하는 것입니다. 무엇을, 언제, 얼마에, 왜 샀고 팔았는지를 남깁니다. 단순한 매매 내역이 아니라, 그 순간의 판단 근거와 감정까지 기록하는 것이 진정한 투자 일지입니다.

증권사 앱에 매매 내역이 남지만, 그것만으로는 부족합니다. 언제 얼마에 샀는지는 알 수 있어도, 왜 샀는지는 알 수 없습니다. 그 '왜'를 기록하는 것이 핵심입니다.

기록이 중요한 이유

기억은 믿을 수 없습니다. 인간의 뇌는 과거를 편집합니다. 성공은 과대평가하고, 실패는 축소하거나 잊어버립니다. 뒤늦게 "나는 알고 있었어."라고 생각하는 것은 착각인 경우가 많습니다. 기록은 이런 착각을 방지합니다.

패턴을 발견할 수 있습니다. 기록이 쌓이면 자신의 투자 습관이 보입니다. 특정 상황에서 반복적으로 실수하는지, 어떤 유형의 투자가 잘 맞는지 데이터로 확인할 수 있습니다. 느낌이 아닌 사실에 기반해 자신을 분석할 수 있습니다.

감정을 객관화할 수 있습니다. "그때 왜 그렇게 불안했지?"를 기록으로 확인하면, 비슷한 상황이 왔을 때 좀 더 침착해질 수 있습니다. 기록은 감정의 거울입니다.

기록해야 할 것들

매매 정보는 기본입니다. 종목명, 매수/매도 날짜, 가격, 수량을 기록합니다. 이것은 증권사 앱에서도 확인할 수 있지만, 직접 기록하면 더 신중해집니다.

의사결정의 근거가 더 중요합니다. 왜 이 종목을 선택했는지, 어떤 정보를 참고했는지, 얼마까지 오르면 팔 계획인지를 적습니다. 나중에 이 판단이 맞았는지 틀렸는지 검증할 수 있습니다.

그 순간의 감정도 솔직하게 기록합니다. "불안해서 샀다.", "FOMO가 왔다.", "확신이 있다." 같은 감정 상태를 적어 두면, 나중에 감정이 판단에 미친 영향을 분석할 수 있습니다.

기록을 활용하는 방법

정기적으로 복기하는 것이 핵심입니다. 월 1회, 분기 1회 등 정해진 시점에 과거 기록을 읽어 봅니다. 예상대로 된 것과 빗나간 것, 잘한 판단과 실수한 판단을 구분합니다. 이 복기가 없으면 기록의 가치가 반감됩니다.

실수를 데이터베이스화합니다. 반복되는 실수를 목록으로 만들어 두면, 비슷한 상황에서 경고등이 켜집니다. 예를 들어 "급등주 추격 매수 후 평균 손실률 -15%."라는 데이터가 있으면 다음에 추격 매수 충동이 생길 때 멈칫하게 됩니다.

성공 패턴도 정리합니다. 어떤 조건에서 좋은 성과를 냈는지 분석하면, 그 조건을 의도적으로 찾을 수 있습니다. 자신만의 투자 노하우가 기록에서 나옵니다.

- 기억은 왜곡되지만, 기록은 진실을 보존한다.
- 매매 정보뿐 아니라 의사결정 근거와 감정까지 기록해야 한다.
- 기록은 정기적으로 복기해야 가치가 있다.
- 실수와 성공의 패턴을 데이터로 만들면 더 나은 투자자가 된다.

04

정보의 홍수
— 무엇을 믿고 무엇을 걸러 낼까

유튜브를 열면 "이 종목 지금 사세요.", 카카오톡에는 "특급 정보 공유.", 뉴스에는 "전문가 전망." 기사가 쏟아집니다. 정보가 부족해서 투자를 못하는 시대는 지났습니다. 오히려 너무 많은 정보가 문제입니다. 무엇을 믿어야 할지, 무엇을 걸러 내야 할지 판단하는 것이 현대 투자자의 핵심 역량입니다.

정보 과잉의 시대

20년 전만 해도 투자 정보는 귀했습니다. 신문의 경제면, 증권사 리포트가 거의 전부였습니다. 지금은 누구나 실시간으로 시장 데이터에 접근하고, 수많은 전문가가 의견을 쏟아 냅니다. 문제는 양이 많아졌다고 질이 좋아진 것은 아니라는 점입니다.

정보가 많으면 오히려 결정이 어려워집니다. 서로 상충되는 의견들 사이에서 혼란스러워집니다. A 전문가는 사라고 하고, B 전문가는 팔라고 합니다. 결국 더 자극적인 제목, 더 확신에 찬 어조에 끌리게 되는데, 그것이 정확한 정보일 가능성은 오히려 낮습니다.

나쁜 정보를 구별하는 방법

출처를 확인합니다. 익명의 정보, 출처 불분명한 '카더라'는 무시합니다. 정보 제공자가 누구인지, 어떤 자격이 있는지, 과거 예측이 얼마나 맞았는지 따져 봅니다.

이해관계를 파악합니다. 특정 종목을 추천하는 사람이 그 종목을 보유하고 있는지, 광고비를 받고 있는지 생각해 봅니다. 이해관계가 있으면 정보는 왜곡될 수 있습니다. 공짜로 주는 정보에는 이유가 있습니다.

확신의 정도를 의심합니다. '무조건 오른다', '100% 확실하다'는 말은 경고 신호입니다. 투자에 확실한 것은 없습니다. 불확실성을 인정하지 않는 정보는 신뢰도가 낮습니다.

감정에 호소하는지 봅니다. 공포나 탐욕을 자극하는 정보는 주의합니다. "지금 안 사면 영원히 못 산다.", "이대로 가면 망한다." 같은 문구는 판단력을 흐립니다.

좋은 정보를 찾는 방법

1차 자료를 봅니다. 기업의 공시, 재무제표, IR 자료는 가공되지 않은 원본입니다. 해석이 어려울 수 있지만, 왜곡이 적습니다. 누군가의 해석을 듣기 전에 원본을 먼저 보는 습관이 중요합니다.

신뢰할 수 있는 출처를 정합니다. 검증된 언론, 공인된 기관의 보고서, 오랜 기간 신뢰를 쌓은 전문가를 정해 두고 그 채널 위주로 정보를 얻습니다. 이것저것 다 보면 오히려 혼란만 가중됩니다.

반대 의견도 찾아봅니다. 어떤 정보를 접했을 때, 의도적으로 반대 의견을 검색합니다. 한쪽 이야기만 들으면 확증편향에 빠집니다. 양쪽 의견을 비교하면 더 균형 잡힌 판단이 가능합니다.

정보 다이어트의 필요성

정보를 줄이는 것도 전략입니다. 필요한 정보만 선별해서 보고, 나머지는 과감히 차단합니다. 뉴스 알림을 끄고, 투자 커뮤니티 접속을 제한하고, 정해진 시간에만 시장을 확인합니다.

더 많은 정보가 더 좋은 결정을 보장하지 않습니다. 오히려 핵심에 집중하지 못하게 방해할 수 있습니다. 중요한 몇 가지 정보를 깊이 이해하는 것이 수많은 정보를 피상적으로 아는 것보다 낫습니다.

핵심 정리

- 정보가 많다고 좋은 것이 아니다. 걸러 내는 능력이 중요하다.
- 출처, 이해관계, 확신의 정도, 감정 호소 여부로 정보를 평가한다.
- 1차 자료와 신뢰할 수 있는 출처에 집중하고, 반대 의견도 찾아 본다.
- 정보 다이어트가 더 나은 판단으로 이어질 수 있다.

05

전문가의 말
— 조언과 책임은 다르다

'○○ 증권 애널리스트가 추천한 종목', '유명 경제학자의 시장 전망' 전문가의 말은 무게감이 있습니다. 화려한 이력과 전문 용어는 신뢰를 줍니다. 그런데 전문가의 말대로 투자했다가 손실을 봤을 때, 그 책임은 누가 질까요? 당연히 투자자 본인입니다. 조언을 해 준 전문가가 아닙니다.

전문가도 틀린다

전문가라고 해서 미래를 아는 것은 아닙니다. 수많은 연구에 따르면 전문가의 예측 정확도는 동전 던지기와 크게 다르지 않습니다. 특히 단기 시장 예측은 전문가도 자주 틀립니다. 2008년 금융위기를 예측한 전문가는 극소수였고, 코로나19 폭락 후 빠른 회복을 예상한 전문가도 드물었습니다.

전문가가 틀려도 불이익이 별로 없다는 점도 문제입니다. 틀린 예측을 했다고 직장을 잃는 경우는 드뭅니다. 오히려 자극적인 예측으로 관심을 받는 것이 커리어에 도움이 되기도 합니다. 인센티브 구조가 정확한 예측보다 주목받는 예측을 유도합니다.

이해관계의 존재

증권사 애널리스트는 증권사 소속입니다. 증권사는 고객의 거래에서 수수료를 받습니다. 거래가 많아야 이익입니다. 이런 구조에서 "당분간 아무것도 하지 마세요."라는 조언이 나오기는 어렵습니다.

펀드 매니저는 운용 보수를 받습니다. 자금이 유입되어야 보수가 늘어납니다. 시장이 좋지 않아도 긍정적인 전망을 내놓을 유인이 있습니다. 은행 직원은 판매 실적에 따라 평가받습니다. 고객에게 꼭 필요하지 않은 상품도 권유할 수 있습니다.

이것이 전문가들이 나쁜 사람이라는 뜻은 아닙니다. 다만 그들에게도 자신의 이해관계가 있다는 점을 인식해야 합니다. 완전히 중립적인 조언은 드뭅니다.

전문가 조언을 활용하는 방법

참고 자료로 활용합니다. 전문가의 분석은 나의 판단을 보완하는 재료입니다. 그들의 말을 맹목적으로 따르는 것이 아니라, 내 판단과 비교하고 검토하는 데 사용합니다.

논리를 봅니다. 결론보다 근거가 중요합니다. 왜 그런 전망을 내놓았는지, 어떤 전제에 기반했는지 확인합니다. 전제가 틀리면 결론도 틀립니다. 논리를 이해하면 상황이 바뀌었을 때 스스로 판단을 수정할 수 있습니다.

과거 실적을 확인합니다. 그 전문가의 과거 예측이 얼마나 맞았는지 찾아봅니다. 한두 번 맞춘 것은 운일 수 있습니다. 장기간에 걸쳐 꾸준히 정확한 사람이 진짜 전문가입니다.

최종 결정은 본인이

어떤 조언을 들었든, 투자 버튼을 누르는 것은 본인입니다. 수익도 본인의 것, 손실도 본인의 것입니다. 남의 말을 따라 투자했다가 손해 보면 그 사람 탓을 하고 싶겠지만, 법적으로도 도의적으로도 책임은 투자자에게 있습니다.

이 원칙을 받아들이면 오히려 자유로워집니다. 전문가 의견에 휘둘리지 않고, 스스로 공부하고 판단할 동기가 생깁니다. 내 돈은 내가 책임진다는 자세가 결국 좋은 투자자를 만듭니다.

- 전문가도 자주 틀린다. 예측 정확도는 생각보다 높지 않다.
- 전문가에게도 이해관계가 있다. 완전히 중립적인 조언은 드물다.
- 전문가 조언은 참고 자료로, 결론보다 논리를 보고 활용한다.
- 최종 결정과 책임은 항상 투자자 본인에게 있다.

06

세금
— 수익의 마지막 관문

"수익률 20% 달성!" 기뻐하기 전에 확인해야 할 것이 있습니다. 세금입니다. 투자 수익에는 세금이 붙습니다. 20%를 벌었어도 세금을 내고 나면 실제 손에 쥐는 돈은 줄어듭니다. 세금을 모르고 투자하면 예상과 다른 결과에 당황하게 됩니다. 세금은 피할 수 없지만, 이해하고 관리할 수는 있습니다.

투자와 관련된 세금의 종류

배당소득세는 주식 배당금에 붙는 세금입니다. 국내 주식의 경우 15.4%(소득세 14% + 지방소득세 1.4%)가 원천징수됩니다. 배당금 100만 원을 받으면 실제로는 약 85만 원만 입금됩니다.

이자소득세는 예금, 채권 등의 이자에 붙는 세금입니다. 세율은 배당소득세와 같은 15.4%입니다. 은행 예금 이자도 세금을 떼고 지급됩니다.

양도소득세는 자산을 팔아서 생긴 이익에 붙는 세금입니다. 국내 상장 주식은 대주주가 아니면 현재 비과세입니다. 하지만 해외 주식, 비상장 주식, 부동산 등에는 양도소득세가 붙습니다. 해외 주식의 경우 연 250만 원 이상의 양도차익에 22%의 세금이 부과됩니다.

세금이 수익에 미치는 영향

세금은 복리 효과를 감소시킵니다. 매년 수익에서 세금을 떼면 재투자되는 금액이 줄어들고, 장기적으로 큰 차이가 납니다. 세후 수익률 7%와 10%의 30년 후 차이는 생각보다 큽니다.

자주 거래하면 세금 부담이 늘어납니다. 매번 이익을 실현할 때마다 세금을 내기 때문입니다. 반면 장기 보유하면 세금 납부를 미룰 수 있고, 일부 세제 혜택도 받을 수 있습니다.

절세 방법

세제 혜택 계좌를 활용합니다. 연금저축, IRP(개인형 퇴직연금), ISA(개인종합자산관리계좌) 등은 세금 혜택이 있습니다. 납입금에 대한 세액공제, 수익에 대한 비과세 또는 저율 과세 등의 혜택을 받을 수 있습니다.

손익 통산을 활용합니다. 이익이 난 투자와 손실이 난 투자를 같은 해에 정리하면 손익이 상계됩니다. 예를 들어 A 종목에서 500만 원 이익, B 종목에서 300만 원 손실이면 과세 대상은 200만 원입니다.

장기 보유를 고려합니다. 자주 매매하면 그때마다 세금이 발생합니다. 필요 이상의 거래를 줄이고 장기 보유하면 세금 부담을 줄일 수 있습니다.

세금 정보 확인의 중요성

세금 제도는 자주 바뀝니다. 올해의 세법이 내년에도 같다는 보장이 없습니다. 새로운 투자를 시작하기 전에 관련 세금을 반드시 확인해야 합니다. 국세청 홈페이지, 증권사 자료, 세무사 상담 등을 활용합니다.

해외 투자는 더 복잡합니다. 투자 대상국의 세금과 국내 세금이 모두 적용될 수 있습니다. 이중과세 방지 협정, 외국 납부 세액 공제 등을 알아 두면 불필요한 세금을 줄일 수 있습니다.

핵심 정리

- 투자 수익에는 배당소득세, 이자소득세, 양도소득세 등이 붙는다.
- 세금은 복리 효과를 감소시키고, 잦은 거래는 세금 부담을 늘린다.
- 세제 혜택 계좌, 손익 통산, 장기 보유로 절세할 수 있다.
- 세금 제도는 자주 바뀌므로 투자 전 반드시 확인해야 한다.

07

수수료
— 작지만 치명적인 비용

"수수료 0.5%? 별것 아니네." 많은 투자자가 이렇게 생각합니다. 0.5%는 100만 원당 5,000원에 불과합니다. 하지만 이 '작은' 비용이 오랫동안 쌓이면 최종 자산의 상당 부분을 잠식합니다. 수수료는 보이지 않는 곳에서 복리의 반대 방향으로 작용합니다. 작지만 치명적인 비용, 그것이 수수료입니다.

수수료의 종류

거래 수수료는 주식이나 ETF를 사고팔 때 증권사에 내는 비용입니다. 국내 주식은 0.01~0.5% 수준으로 증권사마다 다릅니다. 최근에는 무료 수수료 이벤트도 많지만, 기본 수수료는 확인해야 합니다.

운용 보수는 펀드나 ETF를 보유하는 동안 매년 내는 비용입니다. 펀드 자산에서 자동으로 차감되어 눈에 잘 띄지 않습니다. 액티브 펀드는 연 1~2%, 인덱스 펀드나 ETF는 0.05~0.5% 수준입니다.

판매 수수료는 펀드 가입 시 한 번 내는 비용입니다. 선취 수수료(가입 시), 후취 수수료(환매 시), 또는 없는 경우도 있습니다. 판매 수수료가 없는 펀드를 '무판매 수수료(No-load) 펀드'라고 합니다.

환전 수수료는 해외 자산에 투자할 때 발생합니다. 원화를 달러로, 달러를 원화로 바꿀 때마다 비용이 듭니다. 우대 환율을 적용받으면 줄일 수 있습니다.

수수료가 미치는 영향

수수료는 매년 복리로 빠져나갑니다. 연 1%의 수수료가 30년간 적용되면, 최종 자산이 약 26% 줄어듭니다. 1억이 될 것이 7,400만 원이 됩니다.

수익률과 별개로 수수료는 확정된 비용입니다. 시장이 오르든 내리든 수수료는 빠져나갑니다. 수익률은 불확실하지만 수수료는 확실합니다. 불확실한 미래에서 확실하게 줄일 수 있는 것이 수수료입니다.

수수료를 줄이는 방법

저비용 상품을 선택합니다. 같은 지수를 추종하는 ETF라도 운용 보수가 다릅니다. 0.5%와 0.1%의 차이는 장기적으로 큽니다. 비용을 비교하고 낮은 쪽을 선택합니다.

거래 횟수를 줄입니다. 사고팔 때마다 수수료가 발생합니다. 불필요한 거래를 줄이면 비용도 줄어듭니다. 장기 투자가 비용 측면에서도 유리한 이유입니다.

이벤트와 우대를 활용합니다. 증권사 수수료 이벤트, 환전 우대, 온라인 전용 펀드 등을 활용하면 비용을 줄일 수 있습니다. 조금만 찾아보면 같은 투자를 더 저렴하게 할 수 있습니다.

숨겨진 비용도 확인합니다. 펀드의 경우 총보수비용(TER)을 확인합니다. 운용 보수 외에도 수탁 보수, 사무관리 비용 등이 포함되어 있습니다.

비용 의식의 중요성

수익률은 통제할 수 없지만, 비용은 통제할 수 있습니다. 시장이 어떻게 움직일지 알 수 없어도, 어떤 상품의 수수료가 낮은지는 알 수 있습니다. 통제 가능한 것에 집중하는 것이 현명한 투자입니다.

비용에 민감해지세요. "0.5%쯤이야."라고 생각하면 오랜 시간에 걸쳐 큰 손해를 봅니다. 작은 비용을 아끼는 습관이 장기적으로 큰 차이를 만듭니다.

- 수수료에는 거래 수수료, 운용 보수, 판매 수수료, 환전 수수료 등이 있다.
- 작은 수수료도 장기간 복리로 쌓이면 자산의 상당 부분을 잠식한다.
- 저비용 상품 선택, 거래 횟수 감소, 이벤트 활용으로 비용을 줄인다.
- 수익률은 통제 불가하지만, 비용은 통제할 수 있다.

08

규제와 제도
― 투자자는 법 밖에 있지 않다

"친구가 알려 준 정보로 주식 샀는데 뭐가 문제야?" 자칫 이런 생각을 할 수 있지만, 그 정보가 미공개 중요 정보라면 불법입니다. 투자는 자유롭게 하는 것 같지만, 수많은 법과 규제 안에서 이루어집니다. 규제를 모르면 본의 아니게 법을 어길 수 있습니다. 투자자도 법 밖에 있지 않습니다.

투자 관련 주요 규제

내부자 거래 금지가 대표적입니다. 회사 관계자나 그에게서 정보를 받은 사람이 미공개 중요 정보를 이용해 주식을 거래하면 불법입니다. 직원이 실적 발표 전에 정보를 알고 매매하는 것, 그 정보를 가족에게 알려 주는 것 모두 처벌 대상입니다.

시세 조종도 금지됩니다. 허위 정보 유포, 가장 매매, 통정 매매 등으로 주가를 인위적으로 움직이는 행위입니다. SNS에 허위 루머를 퍼뜨리거나, 친구와 짜고 가격을 올리는 것도 해당됩니다.

공매도 규제도 있습니다. 주식을 빌려서 파는 공매도는 공정성과 투명성 개선을 목표로 체계적으로 규제가 개편되는 추세입니다.

대량 보유 보고 의무도 있습니다. 상장사 주식을 5% 이상 보유하면 금융위원회에 보고해야 합니다. 이후 1% 이상 변동 시에도 보고 의무가 있습니다. 대주주라면 알아야 할 규정입니다.

규제 위반의 결과

민사 책임이 따릅니다. 불법 거래로 인한 피해자가 손해배상을 청구할 수 있습니다. 부당 이득은 반환하여야 합니다.

형사 처벌도 가능합니다. 내부자 거래, 시세 조종 등 중대 위반은 징역형에 처해질 수 있습니다. 실제로 구속되는 사례도 적지 않습니다.

과징금, 과태료도 부과됩니다. 형사 처벌과 별개로 금전적 제재가 가해집니다. 부당 이득의 몇 배에 달하는 과징금이 부과될 수 있습니다.

투자자 보호 제도

규제는 투자자를 보호하기 위해서도 존재합니다. 예금자 보호 제도는 금융기관이 파산해도 1인당 1억 원까지 예금을 보장합니다.

불완전 판매 구제 제도도 있습니다. 금융상품의 위험을 제대로 설명받지 못하고 가입했다면, 이로 인한 손해의 배상을 청구할 수 있습니다. 금융감독원에 민원을 넣거나 금융분쟁조정위원회에 조정을 신청할 수 있습니다.

알아야 하는 제도

적합성 원칙은 금융회사가 투자자의 상황에 맞는 상품을 권유해야 한다는 원칙입니다. 안정형 투자자에게 고위험 상품을 권유하면 안 됩니다.

설명 의무는 금융회사가 상품의 내용과 위험을 충분히 설명해야 한다는 의무입니다. 설명을 듣지 못했다면 나중에 문제 제기가 가능합니다.

투자자의 권리를 알아야 보호받을 수 있습니다. 어떤 제도가 있는지 알아 두면, 문제가 생겼을 때 대응할 수 있습니다.

핵심 정리

- 내부자 거래, 시세 조종, 미공개 정보 이용은 불법이다.
- 규제 위반 시 민사, 형사 책임과 과징금이 부과될 수 있다.
- 예금자 보호, 불완전 판매 구제 등 투자자 보호 제도도 있다.
- 내 권리를 알아야 보호받을 수 있다.

09

실패의 경험
— 좋은 투자자가 되는 필수 조건

"나는 투자로 한 번도 손해 본 적 없어." 이런 사람은 두 가지 중 하나입니다. 거짓말을 하거나, 아직 본격적인 투자를 시작하지 않았거나. 투자를 하면 반드시 실패를 경험합니다. 중요한 것은 실패 자체가 아니라, 실패에서 무엇을 배우느냐입니다. 실패는 좋은 투자자가 되기 위한 필수 조건입니다.

실패가 불가피한 이유

미래는 불확실합니다. 아무리 분석해도 예측이 빗나갑니다. 경제, 정치, 기술, 사회 변화를 완벽하게 예측할 수 있는 사람은 없습니다. 불확실성이 있는 곳에 실패가 있습니다.

인간은 완벽하지 않습니다. 감정에 휘둘리고, 인지 편향에 빠지며,

실수를 합니다. 아무리 훈련해도 이런 한계를 완전히 극복할 수는 없습니다. 실패는 인간의 본성에서 비롯됩니다.

성공한 투자자들도 수많은 실패를 겪었습니다. 워런 버핏도 IBM 투자에서 큰 손실을 봤고, 피터 린치도 실패한 투자를 여러 번 언급합니다. 차이는 실패에서 배우고 회복했다는 것입니다.

실패에서 배우는 방법

먼저 인정해야 합니다. 실패를 외부 탓으로 돌리면 아무것도 배울 수 없습니다. '시장이 이상했다', '누가 잘못된 정보를 줬다'고 하면 편하지만, 성장은 없습니다. 내 판단이 어디서 잘못됐는지 직시해야 합니다.

분석해야 합니다. 왜 실패했는지 구체적으로 뜯어봅니다. 정보가 부족했는지, 분석이 잘못됐는지, 감정에 휘둘렸는지, 타이밍이 나빴는지. 원인을 알아야 같은 실수를 반복하지 않습니다.

기록해야 합니다. 앞서 기록의 중요성을 말했지만, 특히 실패는 반드시 기록해야 합니다. 시간이 지나면 실패의 기억은 희미해지고 왜곡됩니다. 기록만이 정확한 교훈을 보존합니다.

실패를 관리하는 방법

잃어도 되는 돈으로만 투자합니다. 전 재산을 투자하면 한 번의 실패가 회복 불가능한 타격이 됩니다. 여유 자금으로 투자하면 실패해도 다시 시작할 수 있습니다.

손실 한도를 정해 둡니다. 특정 금액이나 비율 이상 손실이 나면 멈추겠다는 기준을 미리 세웁니다. 실패가 더 큰 실패로 이어지는 것을 방지합니다.

분산 투자로 한 번의 실패 충격을 줄입니다. 한 종목에 올인하면 그 종목의 실패가 전체 자산의 실패가 됩니다. 분산하면 하나가 실패해도 전체가 무너지지 않습니다.

실패 후의 태도

자책은 적당히. 실패 후 자신을 너무 몰아세우면 위축됩니다. 실패는 나쁜 사람이어서가 아니라 불확실한 세계에서 투자하기 때문입니다. 스스로를 용서하고 다음으로 나아가야 합니다.

급하게 만회하려 하지 않습니다. 손실을 빨리 복구하겠다며 더 위험한 투자를 하면 상황이 악화됩니다. 침착하게 원인을 분석하고, 차분하게 다음 기회를 기다립니다.

실패를 숨기지 않습니다. 주변 사람들과 실패 경험을 나누면 객관적 시각을 얻을 수 있습니다. 혼자 끙끙 앓으면 판단력이 더 흐려집니다.

핵심 정리

- 투자에서 실패는 불가피하다. 미래는 불확실하고 인간은 완벽하지 않다.
- 실패를 인정하고, 분석하고, 기록해야 성장한다.
- 여유 자금, 손실 한도, 분산 투자로 실패의 충격을 관리한다.
- 실패 후 급하게 만회하려 하지 않고, 침착하게 다음을 준비한다.

10
부의 목적
─ 왜 우리는 투자를 하는가

'10억을 모으겠다'는 목표를 세운 사람에게 물어보고 싶습니다. 10억이 모이면 무엇을 할 건가요? 20억으로 늘리겠다는 대답이라면, 그 다음은요? 돈은 목적이 아니라 수단입니다. 투자를 시작하기 전에, 그리고 투자를 계속하는 동안, 우리는 질문해야 합니다. 왜 부자가 되려 하는가? 돈으로 무엇을 하고 싶은가?

돈의 본질

돈은 교환의 매개체입니다. 내가 원하는 것과 바꿀 수 있는 티켓입니다. 그 자체로는 아무 가치가 없습니다. 돈이 가치를 갖는 것은 그것으로 무언가를 할 수 있기 때문입니다.

돈은 자유를 살 수 있습니다. 경제적 자유는 하기 싫은 일을 하지 않아도 되는 상태입니다. 생계를 위해 감수해야 하는 것들에서 벗어날 수 있습니다. 많은 사람이 투자하는 이유가 여기 있습니다.

돈은 시간을 살 수 있습니다. 돈이 있으면 시간을 파는 대신 시간을 쓸 수 있습니다. 가족과 함께할 시간, 취미를 즐길 시간, 의미 있는 일에 쓸 시간을 확보할 수 있습니다.

돈은 안전을 살 수 있습니다. 불확실한 세상에서 예기치 못한 상황에 대비할 수 있습니다. 건강 문제, 사고, 경제 위기에도 흔들리지 않을 버팀목이 됩니다.

목적 없는 투자의 문제

목적 없이 돈만 모으면 끝이 없습니다. 1억을 모으면 2억이 부럽고, 10억을 모으면 100억이 부럽습니다. 영원히 충족되지 않는 욕망을 쫓게 됩니다. 돈은 늘어나지만 행복은 늘지 않습니다.

수단이 목적이 되면 다른 것을 희생합니다. 더 많이 벌겠다고 건강을 해치고, 관계를 소홀히 하며, 지금을 포기합니다. 나중에 행복하기 위해 지금 불행해지는 모순에 빠집니다.

언제 멈춰야 할지 모르게 됩니다. 목표 금액이 없으면 끝없이 모으기만 합니다. 사용하지 않는 돈은 숫자에 불과합니다. 쓰지 않는 돈을 모으느라 인생을 보내는 것은 슬픈 일입니다.

투자의 목적을 찾는 법

구체적으로 상상해 봅니다. 돈이 충분해지면 무엇을 할 건가요? 어디서 살고 싶은지, 무엇을 하며 하루를 보내고 싶은지, 누구와 시간을 보내고 싶은지 그려 봅니다. 그 모습을 위해 얼마가 필요한지 역산합니다.

돈 없이도 가능한 것은 무엇인지 생각합니다. 의외로 많은 것이 돈 없이도 가능합니다. 소중한 사람과 함께하는 것, 건강을 관리하는 것, 배움을 추구하는 것. 돈이 필요한 것과 아닌 것을 구분합니다.

지금의 삶도 돌아봅니다. 미래를 위해 현재를 모두 희생할 필요는 없습니다. 지금 행복한 요소를 유지하면서 미래를 준비하는 균형이 필요합니다. 투자가 삶의 전부가 되면 안 됩니다.

충분함을 아는 것

'충분하다'는 감각이 중요합니다. 얼마가 있어야 충분한지는 사람마다 다릅니다. 중요한 것은 기준을 정하고, 그 기준에 도달하면 인정하는 것입니다. 충분함을 모르면 영원히 부족합니다.

투자의 궁극적인 목적은 행복한 삶입니다. 돈은 그 수단일 뿐입니다. 수단에 매몰되지 않고, 진짜 원하는 것이 무엇인지 잊지 않는 것. 그것이 투자를 넘어 삶 전체의 지혜입니다.

핵심 정리

- 돈은 목적이 아니라 자유, 시간, 안전을 사는 수단이다.

- 목적 없이 돈만 모으면 끝없는 욕망에 갇히게 된다.

- 돈으로 무엇을 할 것인지 구체적으로 상상하고, 필요한 금액을 역산한다.

- '충분하다'는 감각을 갖는 것이 진정한 부유함이다.

투자는 지식의 문제가 아니라 태도의 문제다

이 책에서 70가지 투자 개념을 다뤘습니다. 복리의 힘, 분산투자의 원리, 리스크와 수익의 관계, 행동편향의 함정… 모두 중요한 내용입니다. 하지만 책을 마무리하면서 한 가지를 꼭 말씀드리고 싶습니다.

이 모든 지식을 알아도 돈을 벌 수 있다고 보장할 수 없습니다.

투자의 세계에서 가장 위험한 착각은 '이것만 알면 된다'는 생각입니다. 어떤 공식, 어떤 전략, 어떤 비법이 있어서 그것만 따르면 부자가 될 수 있다는 믿음. 그런 것은 없습니다. 있었다면 그것을 아는 모든 사람이 이미 부자가 되었을 것입니다.

지식과 실행 사이의 간극

복리의 힘을 아는 사람은 많습니다. 하지만 실제로 20년 동안 한 종목을 들고 있는 사람은 거의 없습니다. 분산투자가 중요하다는 것을 모르는 투자자는 없습니다. 그런데 여전히 많은 사람들이 한두 종목에 전 재산을 겁니다. 손실회피 편향이 무엇인지 배웠습니다. 그래도 손절은 여전히 어렵습니다.

왜 그럴까요? 아는 것과 행하는 것은 다른 차원의 문제이기 때문입니다. 지식은 머리에 있지만, 투자는 마음으로 합니다. 시장이 폭락하면 머리로는 "지금이 기회."라고 알지만, 마음은 공포로 가득 찹니다. 주변에서 "이 종목 대박났다."라고 하면 머리로는 "남들 따라가면 안 돼."라고 알지만, 마음은 조급해집니다.

결국 투자의 성과는 지식의 양이 아니라 태도의 질에 달려 있습니다. 시장의 소음에 흔들리지 않는 평정심, 단기적 유혹을 이기는 인내심, 자신의 한계를 인정하는 겸손함, 틀렸을 때 수정할 수 있는 유연함. 이런 것들이 결국 장기적인 성과를 결정합니다.

천천히 부자가 되는 것을 받아들이기

빠른 부자를 꿈꾸는 사람에게 투자는 복권과 다름없습니다. 대박을 꿈꾸고, 실패하고, 다시 대박을 꿈꿉니다. 운 좋게 한 번 성공하면 더 큰 베팅을 합니다. 그리고 결국 잃습니다. 이 패턴은 놀라울 정도로 반복됩니다.

진정한 투자자는 천천히 부자가 되는 것을 받아들인 사람입니다. 연 7%의 수익이 작아 보여도, 그것이 20년, 30년 쌓이면 어마어마한 차이를 만든다는 것을 압니다. 오늘 10% 올랐다 내일 10% 떨어지는 종목보다, 매년 꾸준히 10%씩 성장하는 자산이 결국 이긴다는 것을 압니다.

이런 태도를 갖추는 것이 어떤 투자 기법을 배우는 것보다 중요합니

다. 기법은 시장 상황에 따라 바뀌지만, 태도는 어떤 시장에서도 유효
합니다.

투자보다 중요한 것들

지금까지 많은 투자자를 봤습니다. 큰돈을 번 사람도, 전 재산을 날
린 사람도 봤습니다. 그 과정에서 깨달은 것이 있습니다.

돈은 삶의 수단이지 목적이 아닙니다. 투자에 성공해서 돈을 많이
벌었는데 가족과 멀어진 사람, 건강을 잃은 사람, 친구를 잃은 사람을
봤습니다. 반대로 투자 수익은 평범했지만 풍요로운 삶을 사는 사람도
봤습니다. 누가 더 성공한 것일까요?

투자를 잘한다는 것은 단순히 수익률이 높다는 뜻이 아닙니다. 투자
때문에 일상이 망가지지 않는 것, 투자 때문에 중요한 관계가 상하지
않는 것, 투자 때문에 밤잠을 설치지 않는 것. 이런 것들이 지켜지는
선에서 합리적인 수익을 얻는 것이 진정한 투자 성공입니다.

끝이 아닌 시작

이 책은 끝났지만, 여러분의 투자 여정은 이제 시작입니다. 70가지
개념은 출발선에 서기 위한 준비운동이었을 뿐입니다. 진짜 배움은 실
전에서 시작됩니다.

처음에는 작은 금액으로 시작하세요. 잃어도 괜찮은 돈으로 직접 경

험해 보세요. 책에서 읽은 개념들이 현실에서 어떻게 작동하는지 느껴 보세요. 수익이 났을 때의 기쁨과 손실이 났을 때의 고통을 체험해 보세요. 그 과정에서 자신만의 투자 원칙이 만들어집니다.

실패하더라도 괜찮습니다. 모든 성공한 투자자는 실패의 경험을 가지고 있습니다. 중요한 것은 실패에서 배우는 것입니다. 왜 틀렸는지 분석하고, 같은 실수를 반복하지 않으면 됩니다. 실패는 수업료입니다. 비싼 수업료를 내지 않으려면 작게 시작하세요.

마지막으로 드리고 싶은 말

투자는 결국 자기 자신과의 싸움입니다. 탐욕과 공포, 조급함과 게으름, 자만과 비관. 이런 내면의 적들과 싸우는 과정입니다. 시장을 이기려 하지 말고, 자기 자신을 이기세요. 남들보다 많이 벌려 하지 말고, 어제의 나보다 현명해지세요.

그리고 때로는 투자에서 한 발짝 물러나세요. 시장을 떠나 자연을 거닐고, 사랑하는 사람과 시간을 보내고, 좋은 책을 읽으세요. 역설적이게도, 투자에서 잠시 멀어지는 것이 더 나은 투자 결정을 내리게 합니다. 거리를 두면 숲이 보입니다.

이 책이 여러분의 투자 여정에 작은 길잡이가 되었기를 바랍니다. 모든 독자분들의 투자가 성공하기를, 그리고 그보다 더 중요하게는 투자와 상관없이 행복하고 풍요로운 삶을 살아가시기를 진심으로 기원합니다.

최소한의
투자상식

ⓒ 김종운, 2026

초판 1쇄 발행 2026년 4월 6일

지은이   김종운
펴낸이   이기봉
편집   좋은땅 편집팀
펴낸곳   도서출판 좋은땅
주소   서울특별시 마포구 양화로12길 26 지월드빌딩 (서교동 395-7)
전화   02)374-8616~7
팩스   02)374-8614
이메일   gworldbook@naver.com
홈페이지 www.g-world.co.kr

ISBN   979-11-388-5835-9 (03320)

• 가격은 뒤표지에 있습니다.
• 이 책은 저작권법에 의하여 보호를 받는 저작물이므로 무단 전재와 복제를 금합니다.
• 파본은 구입하신 서점에서 교환해 드립니다.